SCÉALAÍOCHT NA

SCÉALAÍOCHT NA RÍTHE

TOMÁS Ó FLOINN, M.A., AGUS
PROINSIAS MAC CANA, M.A., PH.D.

A CHUIR IN EAGAR

MICHEÁL MAC LIAMMÓIR

A MHAISIGH

CLÓ IAR-CHONNACHT
Indreabhán
Conamara

An Chéad Chló 1956
An Dara Chló 2010
© Cló Iar-Chonnacht 2010

ISBN 978-1-905560-61-5

Dearadh clúdaigh: Abigail Bolt

Is le cabhair deontais i gcomhair tograí Gaeilge a d'íoc an tÚdarás um Ard-Oideachas trí Choláiste na hOllscoile, Corcaigh, a cuireadh athchló ar an leabhar seo.

Faigheann Cló Iar-Chonnacht cabhair airgid
ón gComhairle Ealaíon.

Cló Iar-Chonnacht, Indreabhán, Co. na Gaillimhe.
Teil: 091-593307   Facs: 091-593362   cic@iol.ie   www.cic.ie

Priontáil: Clódóirí Lurgan, Indreabhán, Co. na Gaillimhe.

CLÁR

NA PICTIÚIRÍ

RÉAMHFHOCAL

RÉAMHFHOCAL

IS IOMAÍ COR a chuir litríocht na Gaeilge di. D'eascair sí ón phágántacht, tháinig go fáilteach faoi anál na Críostaíochta, d'fhuiling ionradh na nDanar agus na Normannach, agus ní dheachaigh i laige go dtí gur cloíodh an tír féin agus an pobal a ghráigh í. Leathspléachadh siar agus maidheann na hainmneacha ina sruth chugainn : *Eachtra Chonla, Táin Bó Cuailgne, Táin Bó Fraoich, Bruidhean Dá Dearga, Iomramh Bhrain, Fleadh Bhricreann, Aisling mhic Coinglinne, Buile Suibhne*, an Dinnseanchas, an Fhiannaíocht, beathaí na naomh, filíocht na mbard, an tsean-fhilíocht liriciúil ar fad . . . liosta do-áirithe, gan trácht ar a bhfuil caillte. D'fhás an stór mór litríochta sin as saol na hÉireann, agus as meon an phobail in Éirinn, is cuma caidé chomh scartha is a bhí sí ón tsaol sin ar uaireanta, nó chomh beag den phobal is a thuig í. An chuid is calctha agus is neamhaiceanta féin di, ligeann sí eolas éigin linn ar a foinsí agus ar an mhuintir a chum agus a chleacht í. An méid di a tháinig mar thoradh ar an tsaoirse intleachta agus ar an nádúrthacht, is fíor-litríocht dhúchasach í ina bhfuil traidisiúin agus creideamh an chine agus smaointe pearsanta an duine measctha le chéile ar mhúnla agus i bhfriotal nach ngabhann le haon litríocht eile ar domhan, agus nach dtiocfadh ach as cleachtadh agus as cuimhní inmheánacha na gcéadta blian. Ba chuma riamh caidé an *motif* nó an patrún úr a tháinig i dtreo ár sinsir ón iasacht, lig siad faoi anál an dúchais acu féin é. Tháinig athrú agus fás air nó go ndearnadh rud úr-nua de, gné de litríocht fhairsing na Gaeilge.

Is trua gan an litríocht sin a bheith oscailte infhála ag scríbhneoirí agus ag léitheoirí an lae inniu. Is eol dúinn an fheidhm chumhachtach a bhain Yeats as an scáil féin den tseanlitríocht : is mó faoi chéad an tairbhe d'fhéadfadh scríbhneoirí na Gaeilge a bhaint aisti ina ceart-chruth. Ní hé bheadh uathu caractaeirí agus suímh a bheadh aduain mealltach a lorg i litríocht Bhéarla an lae inniu, ach bheadh siad á n-oiliúint féin ar mhodha agus ar thraidisiúin a litríochta féin. Cuirtear de locht ar na Meiriceánaigh go minic gur cine óg, *jejeune* iad a bhfuil traidisiún na sean-tíortha Eorpacha in easnamh orthu ; ach nach bhfuil cumadóirí ár nua-litríochta féin i gcás atá seacht n-uaire níos measa, nuair a chaith siad uathu an traidisiún liteartha is sine i measc bheo-theangacha na hEorpa agus chuaigh ag bacadradh ar chois chiothramach ' chaint na ndaoine ' ?

An uair a socraíodh ar chaint na ndaoine mar mheán don nua-litríocht—an socrú ceart ar ndóigh, agus an t-aon cheann a bhí indéanta—ba mhór an chaill é gur dúnadh an doras ar feadh i bhfad ar oidhreacht ár sean-litríochta. Tá fhios againn go raibh go leor Gaeilgeoirí ann a chuir spéis an-mhór inti, agus fiú an tAthair Peadar féin nach ndearna iarracht lena cur in aithne don phobal ; ach bhí an claonadh de ghnáth ann culaith thuatach de chaint na ndaoine a chur uirthi ionas go gcailltí gach a raibh éagsúil nó uasal inti. Ba thrua nár meabhraíodh ag an am go bhféadfaí an scríbhneoireacht a bhunú ar an chaint bheo agus lorg na litríochta a leanacht san am céanna. Ní raibh aon ghá le rogha glan a dhéanamh idir caint na ndaoine agus an tsean-chanúint liteartha. Bhí sí seo ársa, ar ndóigh, gan an bheocht inti atá riachtanach le litríocht nua a chumadh, ach bhí sí siúd truaillithe ag bochtanas agus ag daorsmacht chúpla céad blian. De dheoin nó d'ainneoin bheadh crot na beo-Ghaeilge ar an nua-litríocht, ach tá oiliúint a dhíth uirthi nach bhfuil le fáil ach ón tsean-teanga liteartha.

Níor tugadh an taca ná an treoir sin di. Ligeadh di imeacht ar fán agus ar fiarlaoid, gan stiúir uirthi ach mian gach duine aonair á múnlú do réir a thola féin nó do réir bhéalrá a athar. D'éirigh sí ní ba chalctha agus ní ba shean-chaite do réir a chéile. Ó tharla an cás amhlaidh, is iomaí scríbhneoir Gaeilge a bheadh sásta é féin a dhéanamh eolach ar shean-teanga agus ar shean-litríocht a thíre, ach nach bhfuil an deis sin aige, mura bhfuil cleachtadh aige cheana ar an tSean-Ghaeilge agus an Mheán-Ghaeilge, agus é sách oilte iontu le teacht thar dheacrachta eagair, lámhscríbhinne agus eile. Glacann sé roinnt mhaith ama agus dua leis an oilteacht sin a fháil—níos mó ná mar is féidir leis an ghnáth-scríbhneoir a spáráil—agus ní fios an fiú do gach éinne tabhairt faoi cheard gur dócha nach bhfaighidh sé lán-mháistreacht go deo uirthi, go mórmhór má leanann sé den scríbhneoireacht chruthaíoch i rith an ama.

Is é réiteach na faidhbe—agus is aisteach é nach bhfuilimid níos comhgaraí dó i ndiaidh breis is caoga bliain den ath-bheochaint—leabharlann de leagain nua-Ghaeilge ar na sean-téaxa a chur le chéile. Má tá fás i ndán don litríocht nua, is riachtanas é an chuid is mó den tsean-litríocht a chur ar fáil i nGaeilge an lae inniu, í aistrithe i bhfriotal liteartha so-léite a bheadh san am céanna cruinn agus beacht. Ar ndóigh, ní fiú cnuasaigh a ullmhú de shleachta agus de bhlúiríní tofa mar dhéanfadh cúis do phobal an Bhéarla, ach na scéalta iomlána bunúsacha a thiontó go glan-Ghaeilge shoiléir an lae inniu—rud nach ionann ar fad is caint na ndaoine.

San obair sin beidh tacaíocht na scoláireachta ag teastáil leis an cheo atá bailithe thart ar an litríocht de bharr meascadh leagan agus idir-mhalartú téaxa a thógáil di—chomh fada agus is féidir le eolaíocht na teangan sin a dhéanamh. Mar tharlaíonn, tá bunús na scéalta móra againn i leagain mheascaithe, dhá leagan curtha trína chéile, b'fhéidir, nó leagan amháin agus sliochta éagsúla curtha isteach ann. Is léir gur fánach ag duine bheith ag iarraidh na scéalta seo a mheas mar litríocht sula ndéantar iad a scagadh agus a dheimhniú ina bhfoirm bhunúsach. Caidé mar thig léirmheas a dhéanamh ar scéal as an 9ú céad má tá altanna sa téax a scríobhadh agus a cuireadh isteach san 11ú céad ? An té a d'iarrfadh sin a dhéanamh, ghlacfadh sé leis dá réir gur féidir litríocht na Sean-Ghaeilge agus na Meán-Ghaeilge a chrapadh le chéile mar ábhar comh-ionann—rud a bheadh áiféiseach, ar ndóigh. Mar sin de, caithfidh an t-aistritheoir, chomh fada agus tá ar a chumas, téax le duine amháin a phiocadh, nó ar a laghad téax as aois amháin, agus iarracht a dhéanamh ar an chrot, an insint agus an t-atmasféar a choinneáil slán san aistriú.

Dá ndéantaí aistriúcháin mar sin i nGaeilge, bheadh rud againn nach bhfuil sa Bhéarla féin. Bunús na n-aistriúchán Béarla is saothair throma scolártha iad ar mó an bhaint atá acu le teangeolaíocht ná le litríocht. Formhór an mhéid nach bhfuil sa roinn sin, is bailiúcháin de ghearróga iad a toghadh ar son a n-áilleachta agus a mbríomhaire, gan aon chuspóir acu léargas iomlán a thabhairt ar shean-litríocht na Gaeilge.

Maidir leis an aistriúchán tá prionsabail áirithe le suíomh agus le coinneáil againn. Go mórmhór nuair aistrítear teanga nach bhfuil ar eolas go measartha coitianta, caithfear gan imeacht mórán ón bhun-téax ar eagla é chur as aithne. Tá cúis bhreise leis sin nuair atá foirm amháin de theanga le malartú ar fhoirm eile den teanga chéanna. Sa chás seo tá contúirt bhreise ann, sa mhéid go bhfuil mórán focal seanda a choinnigh a gcrot go dtí ár linn féin, ach ar athraigh a gciall a bheagán nó a mhórán. Arís, bíonn sórt *paradox* i gcúrsaí aistriúcháin : má théann tú ró-ghar don bhun-téax ní bhíonn an t-aistriú cruinn. San iomlán is é an cuspóir

ceart—agus ar feadh ár gcumais thugamar iarraidh é a leanúint—
an sean-scéal a thaispeáint don phobal léitheoireachta i scáthán na
Nua-Ghaeilge, agus gan aon tsaoirse aistriúcháin a ghlacadh
chugainn a bhacfadh an cuspóir sin. Ba scéal eile é dá mbeadh
a leithéid de aistriúcháin ar fáil cheana, mar ansin d'fhéadfaí
saor-aistriúcháin, claon-inste agus leagain oiriúnaithe a bhunú
orthu. Níl a leithéid ann, áfach, agus is é is sprioc dúinne an
bhearna a líonadh, leagan cruinn Nua-Ghaeilge de na sean-scéalta a
thabhairt do scríbhneoirí agus do léitheoirí : chead acusan ansin
feidhm a bhaint astu mar is rogha leo. Ar a laghad beidh ar a
chumas ag an ghnáth-léitheoir ansin an tsean-litríocht a mheas dó
féin, gan bheith i síor-mhuinín tuairimí an bheagáin, agus san am
céanna beidh an scríbhneoir nach bhfuil an tsean-teanga aige in ann
taithí a fháil ar na sean-phatrúin chumtha agus chainte, ar bhrí
agus ar atmasféar na litríochta sin atá ina luí le céadta blian faoi
cheilt sna lámhscríbhinní. Dar linn go gcuirfeadh sin dúshraith
cheart faoin nua-scríbhneoireacht.

Ba d'aonghnó a thoghamar scéalta an chnuasaigh seo as tréimhsí
i bhfad ó chéile. D'athraigh an modh scríbhneoireachta agus
scéalaíochta sna hidirlinnte, agus ba mhaith linn sin a léiriú.
Sa tréimhse is sine ní dearnadh aon iarracht, do réir dealraimh, ar
insint mhín chothrom a thabhairt ar scéal. Go minic níl ach
creatalach an scéil sa téax, agus tá sé le líonadh isteach ag an
léitheoir ina intinn féin. Léimeann an scéal go grod ó phointe go

pointe agus ó eachtra go heachtra, gan bheann ar leanúnachas ábhair ná teangan. Bíonn an stíl lom, cruaidh, borb, díreach— codarsna glan don scríbhneoireacht fhoclach scaoilte a tháinig le meath phrós na Gaeilge. Chífear in *Eachtra Chano* é agus tá súil againn nach measaide taitneamh an léitheora ann gur fhágamar au téax gan aon athrú is fiú a lua. Ina thaobh sin, thugamar iarraidh téax údarásach a fháil i ngach cás, agus nuair a bhí sin againn gan baint de. Is minic a chonacthas dúinn go bhfeabhsódh sé scéal píosa beag a chur isteach ann nó a bhaint amach as, ach níor leomhamar a dhéanamh má bhí an bun-téax deimhníoch. Níorbh é ár ndualgas na scéalta a fheabhsú ná a leasú, ach a n-aistriú.

Caithfimid béim speisialta a chur ar phointe amháin, is é sin, a dheacracht atá sé caint shásúil Nua-Ghaeilge a chur ar chuid den tsean-litríocht, go mórmhór an dea-fhilíocht. Sa tsean-am bhí ciall gach focail chomh soiléir sin agus a teora línithe chomh cinnte sin gurbh fhéidir imirt leis gan contúirt mhíthuisceana. Anois, áfach—agus is é ciontú chaint na ndaoine é—ní mó a dealaítear mionchiall na bhfocal sa scríbhneoireacht ná sa chomhrá, agus is céim chun laige don litríocht gan mhoill gach bearnú foclóra dá dtagann sna canúintí. É sin fá deara líonmhaire na bhfocal a nglactar leo anois mar *synonyms* agus nach ea ar chor ar bith. Dá dheasca sin is minic cosúlacht stróinséartha ar chaint shimplí liteartha agus is ró-mhinic nach bhfeictear an toradh go furasta nuair a baintear úsáid fhíneálta as focail, ar aithris na sean-fhilíochta. Ós mar sin atá is amhlaidh is mithide tús a chur leis an aistriúchán seo. Tá súil againn, i measc buntáistí eile, go gcothóidh sé glaineacht i dteanga na Gaeilge.

Is mian linn freagra a thabhairt ar argóint amháin a luadh inár n-éadan cheana, is é sin, nach caint an lae inniu atá sna haistriúcháin tríd síos. Mar tá ráite cheana, tá go leor fátha nach mbeadh caint an lae inniu iontu, ach thairis sin is leor a rá nach caint a dtréimhsí féin a bhí i mbunús na sean-scéalta.

Maidir le toghadh na scéalta atá sa leabhar seo, is cóir a lua nach é an cnuasach is fearr é d'fhéadfaí a chur ar fáil. Murach dréacht nó dhó níl aon sampla de na scéalta mór-chlúiteacha ann, mar chonacthas dúinn gur chóir ár bpeann a phromhadh ar na píosaí atá ar chaighdeán measartha. Tiocfaidh na cinn eile amach anseo. I dtaca leis an ord atá curtha againn ar na scéalta seo, ós rud é go mbaineann gach scéal acu le pearsa éigin atá luaite sa tseanchas, tá siad curtha againn do réir ord aimsire na bpearsan sin.

Níor mhaith an mhaise dhúinn gan focal tagra agus molta a lua anseo leis na daoine a chuaigh an chonair seo romhainn.

I dtús báire tá an tAthair Peadar Ó Laoghaire, a rinne sreath aistriúcháin ón tsean-litríocht : *Bricriu, Eisirt, An Cleasaidhe, Cath Ruis na Rí for Bóinn, Guaire, Lughaidh Mac Con, An Craos-Deamhan.* Athinsint níos mó ná aistriúchán a rinne seisean, ámh ; d'athraigh sé agus leasaigh sé idir théax agus charactaeirí lena gcur in oiriúint, mar shíl sé, do litríocht agus do léitheoirí na nua-Ghaeilge, agus chuir sé an chaint go mórmhór i ngléasadh iomlán ' chaint na ndaoine.' B'é ba chuspóir aige ábhar nó substaint na sean-scéalta a thabhairt faoi ghné chaint na ndaoine agus níor bhac sé le glan-aistriúchán cruinn a dhéanamh ná níor chúram dó foirm ná modh inste an tsean-scéil a thabhairt leis san aistriúchán. Rinne sé, áfach, an rud a chuir sé roimhe a dhéanamh, cuid sondasach den tsean-litríocht a chur in aithne don léitheoir Gaeilge tríd an Ghaeilge. Ba thábhachtach agus ba thairbheach mar shaothar é san am nach raibh fáil ag an ghnáth-léitheoir ar an litríocht sin ach amháin trí aistriúcháin scolártha i mBéarla.

Lean an tOllamh Cormac Ó Cadhlaigh de shampla agus de chuspóir an Athar Peadar. In *Guaire an Oinigh, Diarmaid Mac Chearbhaill* agus *An Fhiannuidheacht* tá cnuasaithe agus aistrithe aige sainchuid den tsean-litríocht. Ábhar agus substaint na sean-scéalaíochta arís ba chúram dósan, ach is gaire go mór a chuaigh seisean don chuspóir a chuireamarna romhainn sa chnuasach seo ; d'fhéach sé, san iomlán, le foirm agus deilbh na scéalta a thabhairt leis. Ní dhearna sé i gcónaí, áfach, dealú idir an méid ba aistriúchán agus an méid arbh é a fhriotal féin é.

Bhí daoine eile, freisin, ar léir dóibh tábhacht na sean-litríochta agus a d'fhéach lena cur ar fáil sa Nua-Ghaeilge. Orthu siúd ní luafaimid ach Pádraig Ó Siochfhradha (' An Seabhac '), a d'aistrigh *Cath Fionntrágha, An Ceithearnach Caoilriabhach* agus *Eachtra*

21

Thaidhg mhic Chéin, agus Tomás Ó Máille, a chuir Nua-Ghaeilge ar *Scéal Muice mhic Dathó.*

Murarbh ionann díreach cuspóir dóibhsean agus dúinne ní lúide sin is inmholta a saothar agus táimidne fá chomaoin acu sa spreagadh agus sa tsampla fuaireamar uathu.

Mar fhocal scoir ní mheasaimid gur fearr rud a dhéanfaimis ná sleachta a thabhairt anseo as an réamhrá a chuir Kuno Meyer le *Liadain agus Cuirithir,* a foilsíodh sa bhliain 1902 :

Many circumstances still retard the proper appreciation of the value and importance of early Irish literature. In its full extent and variety it is known to none as yet. It were rash to attempt to generalise on the merits and demerits of a literature upon which no one can speak with authority. It is indeed sometimes assumed that if not the whole, at least the greater and more important portion of Irish literature is before the public.

Ag trácht dó ar a raibh foilsithe ag an am sin den tseanlitríocht, deir sé :

Now, of these 500 tales and poems, about 150 only have so far been published with translations, and of these again very few in such a form as to appeal to the general reader ; for the public will not take much interest in Irish literature until men arise to do for it what Dasent has done for the Old Norse sagas, or what Rückert and Schack did in Germany for Oriental poetry.

Tá sé leathchéad bliain anois ó scríobh Kuno Meyer na focail sin.

RÉAMHFHOCAL

Is mór de shean-litríocht na Gaeilge a foilsíodh ó shoin nach raibh ar eolas, fiú amháin, an uair sin. Ach i dtaca le aineolas agus ainchleachtadh an phobail ar an litríocht sin tá oiread brí lena bhriathra agus bhí an uair a scríobhadh iad. Nílimidne ár gcur féin i gcomparáid leis na saoithe léinn atá luaite ag Kuno Meyer, ach measaimid, ar a laghad de, go gcuirfidh an saothar beag seo againne le heolas agus le tuiscint an phobail ar an tsean-litríocht Ghaeilge, an ghné is saibhre agus is tábhachtaí, dar linne, den chultúr dúchais.

AILILL AGUS ÉADAOIN

. . . an raghaidh tú liom
go tír na n-iontas, tír an cheoil ?

Níl sa scéal seo ach cuid den bhunscéal a dtugtar Tochmharc Éadaoine *air. Baineann sé leis an am nuair a bhí Tuatha Dé Danann i seilbh na hÉireann. Pósadh Midhir, rí Sídh Bhreá Léith, le hÉadaoin Eachraí, iníon Ailealla, rí Uladh. Bhí bean eile ag Midhir, Fuamnach a hainm, agus nuair ghaibh éad í bhuail sí Éadaoin le fleasc draíochta agus rinne linn uisce dhi. Thiontaigh an t-uisce sin ina chnuimh, an chnuimh ansin ina cuileog, agus bhíodh an chuileog sin ag déanamh ceoil do Mhidhir. Trí éad Fhuamnaí arís ruaigeadh an chuileog ar an ghaoith. Ar deireadh thit sí isteach i gcorn as a raibh bean chéile Éadair ó Inbhear Cíochmhaine i gCúige Uladh ag ól, shloig an bhean í, toirchíodh í dá bharr agus rugadh Éadaoin arís mar iníon do Éadar, agus tugadh Éadaoin arís mar ainm uirthi. Is mar dhuine daonna, ámh, a rugadh í an dara uair seo, mar tuigtear dúinn achar míle bliain a bheith idir an am a raibh cónaí uirthi i Sídh Bhreá Léith agus an am ar rugadh ar an tsaol daonna í.*

Mar sin is ea tharla gur pósadh an Éadaoin athbheirthe seo le Eochaidh Áireamh, rí Éireann, míle bliain tar éis a céad bhreithe i measc Tuatha Dé Danann. Sa chuid seo againne den scéal chímid iarracht Mhidhir, a céad fhear céile, ar í bhréagadh ar ais leis go tír na sí.

Luaitear Eochaidh Áireamh i measc scáil-ríthe na hÉireann sa tréimhse réamhchríostaí, timpeall 76 R.Ch., ach ní rí stairiúil a bhí ann.

Sa chuid den Tochmharc *a thagann i ndiaidh ár scéilne instear*

27

cé mar d'éirigh le Midhir sa deireadh Éadaoin a fháil ar ais ó Eochaidh mar gheall i gcluiche fichille agus mar thug sé ar ais leis í go Sídh Bhreá Léith. Is sa chuid sin a tharlaíonn an dán atá anseo againn, ach cuirimid isteach anseo é ar son a áilleachta liriciúla agus toisc go n-oireann sé go prap do dhul na hinste.

Meastar an scéal seo Tochmharc Éadaoine *a bheith mar réamhscéal don mhórscéal úd* Toghail Bruidhne Dá Dearga, *mar is ó Eochaidh agus Éadaoin a shíolraigh Conaire Mór, ar timpeall air a tógadh scéal na Bruidhne.*

Tá Tochmharc Éadaoine *in eagar ag Osborn Bergin agus R. J. Best in* Ériu *XI, 142-92, ón téax i* Leabhar na hUidhre *agus i* Leabhar Buí Leacáin. *Tá an chuid de atá anseo le fáil in* Irische Texte *I, 113, in eagar ag Stokes agus Windisch, agus ag E. Müller in* Rev. Celt. *III, 342-50.*

AILILL AGUS ÉADAOIN

GHABH EOCHAIDH ÁIREAMH ríghe na hÉireann. Bhí cúig cúigí Éireann agus rí gach cúige ag géilleadh dhó. Ba iad na ríthe cúige bhí ann an uair sin Conchubhar mac Neasa, Meisgeadhra, Tighearnach Téadbhannach, Cú Raoi mac Dáire agus Ailill mac Mata Muirisce. Ba iad dúin Eochaidh Dún Fréamhainne sa Mhídhe agus Dún Fréamhainne i dTeathbha agus ba é Fréamhainn Theathbha ba ansa leis de dhúin Éireann.

An bhliain tar éis dó flaitheas a ghabháil fógradh ó Eochaidh ar fheara Éireann Feis na Teamhrach a dhéanamh le go n-áireodh sé a mbéasa agus a gcíosa dhóibh do na cúig bliana bhí chucu. Ba ionann freagra fuair Eochaidh ó fheara Éireann uile, ná tionólfaidís Feis na Teamhrach do rí gan ríon aige ; mar ní raibh ríon ag Eochaidh nuair ghabh sé flaitheas. Chuir Eochaidh ansin teachtairí uaidh i ngach cúige in Éirinn d'iarraidh na mná ab áille in Éirinn dó agus dúirt leo ná glacfadh sé ach bean ná raibh i bhfochair fir eile roimhe. Fuarthas ag Inbhear Cíochmhaine í, Éadaoin iníon Éadair, agus ghlac Eochaidh ansin í, mar ba chomhmhaith leis féin í ar chruth, ar dheilbh agus ar chineál, ar aois, ar áilleacht agus ar oirearcas.

Triúr mac a bhí ag Fionn mac Fionnlogha, Eochaidh Feidhleach,

Eochaidh Áireamh agus Ailill Anghubha. Thit Ailill Anghubha i ngrá le Éadaoin ag Feis na Teamhrach tar éis pósadh di le Eochaidh. Ba bhéas leis bheith á síor-fhéachaint mar is tosach seirce síor-shilleadh.

Bhí Ailill á chiontú féin ina intinn fán rud a bhí ar siúl aige ach níor chabhair dó é. Ba threise a mhian ná a thoil. Tháinig galar snoí air d'eagla a oineach a mhilleadh. Ní dúirt sé focal leis an bhean féin.

Tugadh Fachtna, lia Eochaidh, á ionsaí an uair ba dhóigh go bhfaigheadh sé bás. Dúirt an lia leis :

' Ceachtar den dá ghalar mharfacha ná leigheasfadh lia atá ort, tinneas seirce nó tinneas éada'.

Ach níor admhaigh Ailill dó óir ba náir leis é. Fágadh Ailill i bhFréamhainn Theathbha go bhfaigheadh sé bás agus d'imigh Eochaidh do thabhairt chuairt na hÉireann. Fágadh Éadaoin i bhfeighil Ailealla le go gceiliúrfadh sí a bhás mar ba chóir, a uaigh a thochailt, a chaoineadh a chasadh agus a bha a mharú.

An teach a raibh Ailill breoite théadh Éadaoin ann gach lá á fhios agus ba lúide a ghalar go deimhin an ní sin. An fhaid a bhíodh Éadaoin san áit sin bhíodh sé á síor-fhéachaint. Thug Éadaoin é sin fá deara, agus bhí sí á mheabhrú ina hintinn. D'fhiafraigh Éadaoin de Ailill, lá amháin dá raibh an bheirt acu le chéile sa teach, caidé ba chúis dá ghalar.

' Searc a thug mé duitse,' ar Ailill.

'Is trua a fhaid d'fhan tú gan é lua,' ar sise. 'Ba shlán fadó thú dá mbeadh a fhios sin agam.'

'Bheinn slán inniu féin dá mb'áil leatsa é,' ar seisean.

'Is áil, gan amhras,' ar sise.

Thagadh sí gach lá ina dhiaidh sin do fholcadh a chinn agus do réiteach a choda dhó agus do dhoirteadh uisce ar a lámha. Tar éis trí naoi lá bhí Ailill slán. Ar seisean le hÉadaoin : 'Cé an uair a gheobhaidh mé a bhfuil de dhíth orm fós dem leigheas ? '

'Gheobhaidh tú amárach é,' ar sise, 'ach ní i dteach an fhíorfhlatha a déanfar an choir. Tair thusa amárach im choinne go dtí an tulach taobh thuas den lios.'

Bhí Ailill ina dhúiseacht i rith na hoíche, ach chodail sé tráth a choinne agus níor dhúisigh go tráth teirte arna bhárach. Chuaigh Éadaoin ina choinne-siúd go bhfaca sí an fear roimpi i gcosúlacht chrutha Ailealla agus é ag caoineadh a mheirtne ón ghalar. An chaint ab áil le Ailill a rá is é sin a ráidh seisean.

Mhuscail Ailill tráth teirte. Thosaigh sé ag déanamh bróin go mór nuair tháinig Éadaoin isteach.

'Caidé ní buartha thú ? ' ar sise.

'Gur chuir mé thusa chun coinne liom,' ar seisean, 'agus nach raibh mé romhat ann. Thit mo chodladh orm agus is anois a d'éirigh mé. Is soiléir nár íocadh go fóill mé.'

'Ní mar sin é,' arsa Éadaoin, 'tagann lá i ndiaidh a chéile.'

D'fhan sé ag faire an oíche sin agus tine mhór os a chomhair agus uisce lena thaobh á chur ar a shúile.

Tráth na coinne chuaigh Éadaoin ina airchis go bhfaca sí an fear céanna cosúil le Ailill. D'fhill Éadaoin ar an teach. Chrom Ailill ar chaoineadh. Trí huaire chuaigh Éadaoin ann agus ní tháinig Ailill don choinne, ach an fear céanna fuair sí roimpi.

'Ní leatsa rinne mé coinne,' ar sise. 'Cé thusa ag teacht im dháil? An fear a ndearna mé coinne leis ní d'fhonn olc ná peaca rinne mé amhlaidh, ach d'fhonn damhna rí Éireann a fhóirithint ón ghalar tháinig air.'

'Ba chóra dhuit,' ar seisean, 'teacht chugamsa, mar an uair ba Éadaoin Eachraí iníon Ailealla thusa ba mise do fhear céile, tar éis dom do mhórluach de phríomh-mhágha agus de mhór-aibhne na hÉireann a thabhairt agus do chothrom d'ór agus d'airgead a fhágáil i do áit.'

'Ceist agam ort,' ar sise, 'Cad é do ainm?'

'Midhir Bhreá Léith,' ar seisean.

'Inis dom,' ar sise, 'caidé scar ó chéile sinn?'

'Fianaise Fuamnaí agus briochta Bhreasail Eadarlámh.'

Ansin arsa Midhir le hÉadaoin : 'An raghaidh tú liomsa?' ar seisean.

A Ainnir Fionn, an raghaidh tú liom
go tír na n-iontas, tír an cheoil?
Is slaod den samhaircín folt gach aoin ann,
is sneachta aoingheal gach corp gan gó.

32

AILILL AGUS ÉADAOIN

Ní deirtear liom ná leat fá mhaoin ann,
is dubh gach braoi ann, is geal gach déad ;
ba sásamh súl duit líon ár sluaite,
tá lí gach gruaidhe ann mar shian an tsléibhe.

Is macha álainn gach corcarbhráid ann,
is amharc áthais uí na lon ;
gidh álainn aoibh leat an Mháigh Fáil seo
d'éis Máigh Meall ní fhillfeá ann.

Gidh mearúil meidhir leat lionn sa tír seo
is súch fá mhíle í sa Mháigh Mhór :
rogha gach tíre an dúthaigh mhaímse,
ní thagann aois ann ná meath don óg.

Tá srutha teo ag tál gan scíos ann,
tá rogha den fhíon ann, míodh is mil,
is cuallacht chaomh gan teimheal a muintir,
gin ní peaca ann ná coir.

Chímid cách go léir gach taobh dínn,
do chách ní léir ár mbeith ariamh :
néall de mhórchion Ádhaimh bhur sinsear
a cheil ár líon ar áireamh fíor.

A bhean, má théann tú liom don tír sin,
beidh mionn den ór bhuí ar do chionn,
lionn is leamhnacht, mil is fíon
do gheobhair lem thaoibh ann, a Ainnir Fionn.

'Ní raghad,' ar sise. 'Ní mhalartóidh mé rí Éireann ar fhear ná feadar mé cad é is clann ná cine dó.'

'Is mise,' arsa Midhir, 'a chuir searc duitse in intinn Ailealla nó gur seargadh a fhuil agus a fheoil dá bharr, agus is mise bhain gach mian chollaí de, ionas ná millfí do oineachsa. Ach, má abrann Eochaidh leat é, tar thusa liomsa dom thír féin.'

'Is maith amhlaidh é,' arsa Éadaoin.

D'fhill sí ansin ar an teach.

'Is maith mar tharla eadrainn,' arsa Ailill, 'ní hamháin go bhfuilimse slán anois ach ní tháinig lot oinigh duitse dá bharr.'

'Is uasal amhlaidh é,' arsa Éadaoin.

Tháinig Eochaidh abhaile óna chuairt rí ina dhiaidh sin agus thug altú a dheartháir bheith beo agus thug buíochas go mór do Éadaoin as a ndearna sí nó go dtáinig sé ar ais.

EACHTRA CHONLA
MHIC CHOINN CHÉADCHATHAIGH

Ceann eile é seo den iliomad scéalta sa tsean-litríocht gur téama dóibh Tír Tairngire, Tír na nÓg, Magh Meall, saol agus domhan Thuatha Dé Danann, ' saol eile ' na págántachta. Féach gur mhair an téama sin sa litríocht Ghaeilge sé chéad bliain agus breis tar éis teacht na Críostaíochta ; tá, gan amhras, a dhíogha le fáil sna laoithe Fiannaíochta a ceapadh ar an téama sin sa 12ú céad.

As Leabhar na hUidhre *agus as* Leabhar Buí Leacáin *a baineadh téax an scéil seo,* Echtra Conli maic Cuinn Chétchathaig. *Cuireadh i gcló go minic é : ag an Oir. J. P. MacSwiney sa* Gaelic Journal, *II, 307-9 ; ag Rudolph Thurneysen i* Sagen aus den alten Irland, *aistriúchán i nGearmáinis ; ag Julius Pokorny in* Zeit. für Celt. Phil., *17, 197-201. Tá insint i mBéarla ag P. W. Joyce in* Old Celtic Romances.

Sean-Ghaeilge atá sa téax.

EACHTRA CHONLA MHIC CHOINN CHÉADCHATHAIGH

BHÍ CONLA RUA, mac do Chonn Chéadchathach, in éineacht lena athair lá in uachtar Uisnigh, nuair chonaic sé chuige bean a raibh éadach neamhchoitianta uirthi. Arsa Conla léi :

' Cá has a dtáinig tú, a bhean ? '

' Tháinig mé as tír na mbeo,' arsa an bhean, ' áit ná bíonn bás ná peaca ná cointinn. Bímid de shíor gan iomarbháidh ag caitheamh fleidhe agus ní cuirtear an tsíocháin anairde eadrainn riamh. Is i sí mór atáimid inár gcónaí agus is dá bharr sin a tugtar Aos Sí orainn.'

' Cé leis a bhfuil tú ag agallamh ? ' arsa Conn lena mhac, mar níorbh fhéidir le duine ar bith an bhean a fheiscint ach Conla amháin.

Arsa an bhean á fhreagairt :

' Tá sé ag caint le bean óg álainn dea-chinéil ná feicfidh go deo an bás ná an tsean-aois. Do charas le fada Conla Rua agus táim á ghairm anois go Máigh Meall, áit inar rí Buadhach Síorbheo, rí ná faca gol ná mairg ina thír ó ghabh sé flaitheas. Tar liom, a Chonla Rua mhuinéal-álainn, lasair-dheirg,' ar sí. ' An Folt buí atá ar do cheann os do chorcar-ghnúis is comhartha é ar an choróin ríoga bheas ort. Má thagann tú liom, ní thréigfidh do dheilbh a hóige ná a háilleacht go brách na bruinne.'

Ó chualathas gach rud adúirt an bhean, bíodh ná facthas í, do labhair Conn le Corann, an draoi. Ar seisean leis :

Áilim thú, a Chorainn na sailm-bhriocht, na n-ealaíon,
Diongbhaigh díom an t-éigean seo is fearr comhairle ná mé,
Riamh ó ghabh mé flaitheas níor fhulaing mé bheith fá ansmacht
Ach anois táim gaite i dteannta ag cumhacht is fearr ná mé.

Tá mo mhac ró-chaoin á ghoid uaim trí foirceadal págánta,
Tá deilbh deamhain nach bhfeicim ag cur an chatha im aghaidh,
Chím é óm thaoibh á mhealladh, ag éaló trí mo lámha
Trí dhraíocht an ghutha mhná seo nach bhféadaimse a chloí.

Chan an draoi a bhriocht ansin in éadan ghlór na mná ionas nár chualathas a guth níos mó agus ná faca Conla an bhean a thuilleadh an uair sin.

Nuair bhí an bhean á cur chun siúil le briochta an draoi chaith sí úll chuig Conla. As sin go ceann míosa níor mhian le Conla de bhia ná de dheoch ach an t-úll sin amháin agus dá mhéid d'itheadh sé den úll níor chaith sé riamh é, ach é slán iomlán i gcónaí.

Ghabh galar snoí Conla mar gheall ar an bhean a chonaic sé. An lá ba lán don mhí bhí sé i dteannta a athar ar Mháigh Archoimín agus chonaic sé chuige arís an bhean chéanna. Ar sise leis :

I measc marbha míbhuana
Tá Conla ina shuí faoi néall
Go haonrach, go huafar,
Ag feitheamh ar an éag.

Tugann na daoine síor-bheo cuireadh dhuit
Ad ghlaoch chuig muintir Theathrach,
A bhíonn ad fhaire i gcruinnithe d'athara
Idir do chairde dílse féin.

Nuair chuala Conn glór na mná, ar seisean lena mhuintir :
'Glaoitear chugam an draoi ! Chím gur ligeadh a teanga arís inniu léi.'

Do fhreagair an bhean láithreach é. Ar sise :

A Choinn Chéadchathaigh,
Ná bíodh do ghrá don draíocht !
Óir is gearr anois go dtiocfaidh
Thar muir an Fíréan chugaibh
Le meas a dhéanamh oraibh,
Is a mhuintir iontach iomaí
Ag seasamh lena thaoibh.
Is gearr gan mhoill go ngéillfidh sibh
Don reacht a bheidh á chraoladh aige,
Díbreoidh sé briochta drua uaidh
Go háitreabh deamhan síos.

Ba ionadh le Conn nach labhradh Conla le duine ar bith nó go dtigeadh an bhean.

'An bhfuil an ní adeir an bhean ag buaireamh d'intinne, a Chonla ? ' arsa Conn.

' Ní réidh liom é,' arsa Conla, ' mar go bhfuil grá agam do mo mhuintir. Ach táim gafa ag grá éagmaiseach don bhean.'

Arsa an bhean ansin :

> Is dian do chomhrac in éadan na dúile
> Atá ad thiomáint chun cinn, ach ní thig leat é chloí,
> Go sí Mhór-Bhuadhaigh im chriostal-long shiúlach
> Más mian leat a dhul is eol dom an tslí.
> Tá tír eile ann nach ionann is an tír seo,
> Ba aoibhinn ár saol ann dá sroichfimis é,
> Dá fhaid é i gcéin beimid ann roimh an oíche,
> Sa tír sin a dtarlaíonn fuine don ghréin.
> Tír í a mhéadaíonn súchas daoine,
> Ag síorchur le sonas a muintir gach lá,
> Is ní fheicfidh tú aicme ná cine sa tír sin
> Ach iníní áille is maighreacha mná.

Thug Conla ansin léim uathu isteach sa bhád criostail. Chonaic na daoine iad ag imeacht uathu. Diaidh ar ndiaidh d'imigh siad ó léargas súl orthu ag iomramh dóibh thar muir.

Ní facthas iad ó shoin i leith. Arsa Conn ina dhiaidh sin ag féachaint dó ar Art : ' Tá Art inniu ina aonar.' Is de sin atá Art Aonair.

BAILE MAC BHUAIN
AGUS AILINN

Ling an dá tháibhle chun a chéile . . . .

Meastar gur fhás an scéal seo i nGaeilge as scéal Bhaucis agus Philemon (Ovid : Metamorphoses, *iii, 631). Mar seo atá an scéal ag Ovid : thug Baucis agus Philemon iostas do Iupiter agus Mercurius an uair ná tabharfadh cách eile bheith istigh dóibh. hInseadh dóibh ansin go raibh guidhe le fáil acu mar chúiteamh sa dea-ghníomh sin. Ghuidheadar araon go bhfaighdís bás in éineacht. Nuair bhí siad araon aosta rinn dair de Philemon agus crann leamháin de Bhaucis. (Féach, freisin, scéal Bhaucis agus Philemon ag Swift).*

Tá an scéal seo, faoi mar atá a lán eile de na scéalta gearra sa tsean-litríocht a bhfuil samplaí dhíobh sa chnuasach seo, chomh hálainn dlúth-fhite le dréacht liriciúil fílíochta.

De bhrí gur soiléir nár chuid den scéal ó thús iad fágadh ar lár ceithre rannta fílíochta atá ag deireadh an scéil sa bhun-téax. Níl iontu ach tagartha do nithe sa scéal.

Tá an téax maille le aistriúchán Béarla i gcló ag Kuno Meyer i Rev. Celt. *13, agus ag O'Curry,* Mss. Mat. of Ancient Irish History, *472-75. Meán-Ghaeilge luath atá sa téax ach cuid mhaith focal tríd as béarlagar doiléir.*

BAILE MAC BHUAIN AGUS AILINN

Bhí trí huí ag Cabha mac Ciongha mhic Rosa mhic Rudhraighe, Monach, Baile agus Fearcorb, ó n-ainmnítear Dál Buain, Dál Coirb agus Monaigh Aradh. Ba é an Baile sin aonmhac Bhuain agus ba é sainghrá gach duine a chonaic é nó a chuala iomrá air, idir fhir agus mhná, ar a scéala. Ba eisean príomhshearc Ailinne iníon Lughdhach mac Feargasa Farraige (nó iníon Eoin mhic Dháithí mar deir daoine eile).

Rinne an bheirt, Baile mac Bhuain agus Ailinn, coinne leannán-tachta le chéile ag Ros na Rí, ag teach Mhaolduibh ar bhruach na Bóinne i Máigh Bhreá.

Tháinig Baile aduaidh in airchis Ailinne ó Eamhain Mhacha thar Sliabh Fuaid agus thar Mhuirtheimhne go Tráigh Bhaile. Scoradar na capaill ó na carbaid, chuireadar ag iníor ar an bhféar iad agus bhíodar ag déanamh áineasa agus aoibhnis.

Le linn dóibh bheith san áit sin chonaiceadar chucu aneas arrachtach uafásach fir. Ba mhear-dhian a chéim agus a imeacht. Ba chosúil a réim thar an talamh le ruaig sheabhaic de aill nó le gaoth fan dromchla na mara.

' Chuige linn,' arsa Baile, ' go bhfiafraímid de cá bhfuil a thriall nó cá has a dtáinig nó caidé fáth a dhithnis.'

' Go Tuaigh Inbhir atáim ag dul,' arsa an t-arrachtach, ' ar ais ó thuaidh anois ó Shliabh Suidhe Laighean, agus níl de scéala liom ach iníon Lughdhach mhic Fheargasa a thug searc do Bhaile mac Bhuain agus a bhí ag teacht chun coinne leis, gur rug ógánaigh Laighean uirthi agus gur mharaíodar í, i gcomhlíonadh ar gealladh don bheirt sin ó na draoithe agus ó na dea-fháidhe ná buailfidís uma chéile ina mbeatha dóibh ach go dteagmhóidís le chéile tar éis a mbáis agus ná scarfaidís ó chéile go brách ina dhiaidh sin. Is iad sin mo scéala.'

D'imigh sé uathu ansin agus níor fhéad siad é chosc.

Nuair chuala Baile an ní sin thit sé marbh gan anam. Tochladh a uaigh agus a ráith, sáitheadh a lia sa talamh agus fearadh a chluiche caointe leis na hUltaigh. Agus d'fhás crann iúir trína uaigh agus ba shoiléir dealbh agus déanamh cinn Bhaile ar bharr an iúir. Is de sin a tugtar Tráigh Bhaile ar an áit.

Ansin d'imigh an fear céanna ó dheas go dtí an áit a raibh an ógbhean Ailinn agus chuaigh sé sa ghrianán isteach chuici.

' Cá has a dtagann an fear nach aithnid dom ? ' arsa an ógbhean.

' As tuaisceart na hÉireann, ó Thuaigh Inbhir,' ar seisean, ' ag dul dom thar an áit seo go Sliabh Suidhe Laighean.'

' Bhfuil aon scéala leat ? ' arsa an ógbhean.

' Níl scéalta is inchaointe liom,' arsa an fear, ' ach go bhfaca mé na hUltaigh ag fearadh cluiche caointe agus ag tochailt rátha agus ag sáitheadh lia i dtalamh agus ag scríobh ainm Bhaile mhic Bhuain, rídhamhna Uladh, a d'éag in aice Thráigh Bhaile agus é ag teacht in airchis leannáin agus mná seirce a ndearna sé coinne léi, mar níl i ndán dóibh go mbuailfidís le chéile ina mbeatha dóibh ná go bhfeicfidís a chéile beo.'

Bhíog sé amach ar chríochnú an mhíscéil dó.

Thit Ailinn marbh gan anam agus tochladh a huaigh. D'fhás crann úll trína huaigh agus ba chrann mór é i gceann seacht mbliana agus bhí dealbh chinn Ailinne ar a uachtar.

I gceann na seacht mbliana do ghearr na laoich agus na fáidhe agus na saoithe an crann iúir a bhí os uaigh Bhaile agus rinneadar táibhle file dhe agus scríobhadar ann físe agus feise agus searcscéalta agus tochmharca Uladh.

Ar an chuma chéanna scríobhadh tochmharca Laighean sa táibhle a rinneadh den chrann úll a bhí os cionn uaigh Ailinne.

Tháinig an tSamhain ansin agus rinneadh Feis na Teamhrach le hArt mac Choinn. Tháinig na filí agus aos gach dána go dtí an Fheis mar ba ghnáth agus thugadar a dtáibhle leo.

Chonaic Art an dá tháibhle agus ó chonaic d'iarr sé iad. Tugadh chuige an dá tháibhle go rabhadar ina lámha aige aghaidh in aghaidh. Ling an dá tháibhle chun a chéile nó gur snaidhmeadh ina chéile iad mar bheadh féithleann timpeall craoibhe. Níorbh fhéidir iad a scaradh ó chéile agus bhíodar i dteannta na seoda eile sa taisce i dTeamhair nó gur loisc Dúnlaing mac Éanna iad

47

an uair mharaigh sé na hógmhná i dTeamhair.

CEOLTA TÍ BHUICHID

Ceann é seo den iliomad mionscéalta sa stair agus sa litríocht fá Chormac mac Airt.

San aistriúchán seo fágadh ar lár giota a cuireadh isteach sa bhun-scéal tar éis a cheaptha, fo-scéal neamhriachtanach a thugann insint ar cé mar fothaíodh Teamhair mar ionad ríochais.

As an Leabhar Laighneach *a thóg Whitley Stokes téax an scéil seo,* Esnada Tige Buchet. *Tá sé i gcló in* Rev. Celt. *25, 20-32. Chuir Mary Hayden leagan filíochta Meán-Ghaeilge dhe in eagar in* Zeit. für Celt. Phil. *8. Meán-Ghaeilge luath, lár an 12ú céad, atá sa bhun-téax.*

CEOLTA TÍ BHUICHID

Bhí brúidh an-fhial ag na Laighnigh arbh ainm dó Buichead. Teach aíochta do mhuintir na hÉireann uile ab ea teach an Bhuichid sin. Níor múchadh riamh an tine fán choire ina theach ón chéad lá a chuaigh sé i mbun an tí.

Bhí iníon le Cathaoir Mór mac Fheidhlimidh ar altrom aige, Eithne iníon Chathaoir. Dhá mhac dhéag ar fhichid a bhí ag Cathaoir agus thagaidís-san ar aíocht agus do fhiosrú a ndeirfíre go teach Bhuichid. Thagaidís féin agus a lucht leanúna ina bhfichidí agus ina dtríochaidí ar lorg aíochta. Agus ba bheag leo an aíocht féin gan aiscí a lorg ina theannta. Ba mhór é a líon agus ba mhinic a n-iarraidh. Mura bhfaighdís an ní d'iarraidís thugaidís ainíde ar mhuintir Bhuichid. Thugadh fear acu na gearráin leis, duine eile acu na searraigh, fear eile acu tréad de na ba, ionas go raibh sé creachta ag clann mhac Chathaoir sa deireadh agus nár fhág siad aige ach seacht mba agus tarbh áit a mbíodh seacht dtréada agus lán seacht dtithe i ngach tréad acu.

Chuaigh sé lá amháin dá ngearán chuig Cathaoir, a bhí an uair sin ina sheanóir caite. Arsa Buichead leis :

' A Chathaoir chóir, bíodh reacht cothrom i bhfeidhm in

51

Éirinn. Tá mé ag éamh mo chuid eallaigh ar do chlann mhac, a thóg uaim iad go héagórach. Foilsigh anois an chóir. Dob fhearr an freastal aíochta a thugas-sa agus an fónamh brúidh a rinneas ná brúas ar bith eile dá bhfuil. Is aineamh mór do chríoch Chathaoir mise bheith scriosta. Clann mhac Chathaoir a scrios mo theach agus mo thréada. Ní bheidh Buichead choíche arís faoi mar bhíodh nó go dtéidh sé go tuaith eile san áit nach baol dó clann mhac Chathaoir.'

Do fhreagair Cathaoir é ansin agus dúirt :

'Is fíor, a Bhuichid, go mba bhrúidh biatach dom tú. Trí bhuaidh do ghaisce agus do fhéile chuirtheá fáilte roimh gach aoinne i do mhíodhchúirt mhór. Ach mise do chur smachta ar mo chlann mhac ionas nach mbeidís ag crá an chroí ionat, níl an neart ionam chuige, faraor ! Ní thig liom rás a rith ná léim a lingeadh. Radharc i bhfad uaim ní fheicim. Tá mé i seilbh flaitheasa le caoga blian, ach dá dtriallfainnse do chuid bha a thabhairt ar ais duit, a Bhuichid, ní bheadh a chumas ionam. "An dealg is óige is í is géire." Amach as mo thír leat.'

D'imigh Buichead ar teitheadh ó chlann mhac Chathaoir amach as an tír os íseal i rith na hoíche sin ar fad go maidin nó go dtáinig sé go dtí Ceanannas na Rí ó thuaidh. Agus ba bheag an imirce a rug sé leis ann, seacht mba agus tarbh, é féin agus a chéile chríonna agus Eithne iníon Chathaoir.

Chuireadar fúthu i mbothán beag sa choill ann agus bhí an

ógbhean ag déanamh timireachta dóibh.

Bhí Cormac ua Choinn, tar éis dó flaitheas a ghabháil, maidin mhoch amháin i gCeanannas na Rí ag éirí agus a chuid éadaigh sróill uime nuair a chonaic sé an ógbhean ag bleán na mbó. Chuir sí an chéad bhleán in árthach faoi leith agus an bleán deiridh in árthach eile. Chonaic sé ansin ag baint luachra í agus meán an dlaoi luachra á chur aici i mbeart faoi leith. Ar an chuma chéanna chonaic sé í ag tabhairt uisce as an sruth gar dá bhruach agus á chur sin in árthach amháin agus an t-uisce as lár an tsrutha á chur aici in árthach eile. Cheistigh Cormac an iníon :

' Cé thusa, a iníon ? ' arsa Cormac.

' Iníon an bhachlaigh bhoicht úd thall mé,' ar sise.

'Ceist agam ort,' ar seisean léi, ' cad chuige a ndéanann tú an t-uisce agus an luachair agus an bainne a roinnt ? '

' Fear a dtugtaí onóir riamh dó go dtí seo,' ar sise, ' is dósan a bheirim meán na luachra agus bleán déanach na bó agus bíonn an chuid eile agam féin, ionas ná beidh sé gan onóir fháil as pé ní gheobhadsa. Dá bhfaighinn onóir ba mhó a thabhairt dó bhéarfainn dó é.'

' Tharlódh go bhfaighfeá,' arsa Cormac. ' Cé dhó a dtugann tú an onóir seo ? ' ar seisean.

' Buichead a ainm,' ar sise.

' An é Buichead Laighean é ? ' arsa Cormac.

' Is é, go deimhin,' ar sise.

53

' An tusa, mar sin, Eithne Thaobhfhada iníon Chathaoir Mhóir ? arsa Cormac.

' Tharlódh gur mé,' ar sise.

Ina dhiaidh sin cuireadh teachta ó Chormac go Buichead á hiarraidh mar chéile. Ní thabharfadh Buichead uaidh í mar níorbh eisean ba chóir í thabhairt ach a hathair. Deirtear mar sin gur tugadh chuig Cormac ar éigin í an oíche ina dhiaidh sin ach nár fhan sí leis ach an oíche sin agus ansin gur éalaigh sí uaidh. An oíche sin is ea do gineadh Cairbre Lifeachair mac Chormaic. Char sé an Life agus is i Lifeachair, ar an teora idir dhúthaigh a athar agus dhúthaigh a mháthar, a hoileadh é. Níor ghlac Cormac leis mar mhac nó gur thug na Laighnigh a móid go mba leis é.

Ise a bhí ina dhiaidh sin ina banríon ag Cormac. Ní ghlacfadh sí leis, ámh, nó go dtugtaí a spré féin do Bhuichead. Is é thug Cormac do Bhuichead oiread agus ab fhéidir leis a fheiceáil ó mhúr Cheanannais amach idir bha agus dhaoine agus airgead agus ór agus dhaimh agus eich, go ceann seachtaine. Is ar éigin ab fhéidir le Buichead a bhfuair sé de thréada a thabhairt leis ó dheas thar an Ríghe ag filleadh dhó isteach i gcrích Laighean arís.

Is é ceol tí Bhuichid do na haoithe ná a gháire geanúil os ard leis na dámha :

' Tá fáilte romhaibh,' ar sé. 'Déanfaimidne maith díbhse ; déan-faidh sibhse maith dúinne.'

Ceol an chaogad laoch ansin faoina n-éadaí corcra agus faoina n-éide chatha ag déanamh ceoil nuair bhíodh na haoi ar meisce.

Ceol an chaogad ógbhan ar lár an tí faoina ngúnaí corcra ina dhiaidh sin, a monga órbhuí thar a n-éadaí ar sileadh agus a gceol ag cur aoibhnis ar an slua.

Ceol an chaogad cruitire ar deireadh ag bréagadh an tslua as sin go maidin.

Is de sin atá Ceolta Tí Bhuichid.

EACHTRA CHORMAIC
I dTÍR TAIRNGIRE

Baineadh an scéal seo agus an ceann ina dhiaidh, Ceart Claidhimh Chormaic, *as an téax Meán-Ghaeilge* Scél na Fír Flatha *nó* Echtra Cormaic i Tír Tairngirí ocus Ceart Claidib Cormaic, *atá in eagar ag Whitley Stokes in* Irische Texte *III, 185, etc.*

Tá sa téax sin cur síos ar an ordú a bhí ar theaghlach Chormaic mhic Airt i dTeamhair agus ar na modha bhí ann le ceart a shuíomh idir mhaithe na hÉireann agus le idirdhealú a dhéanamh ar an fhírinne agus an bhréag sa bhreithiúntas. Ar na modha trialach agus idirdhealuithe úd luaitear Cuach Chormaic agus tugtar an insint atá againne anseo ar cé mar fuair Cormac an cuach sin.

Ba liosta le háireamh na scéalta a dtarlaíonn iontu téama na craoibhe ceoil, an gléas míorúilteach ceoil a chuireann cách ina gcodladh nó a mhusclann pé mothú iontu is mian leis an cheoltóir. Tá sé le fáil i dhá scéal eile sa chnuasach seo, Iomramh Bhrain mhic Feabhail *agus* Cath Almhaine.

EACHTRA CHORMAIC I dTÍR TAIRNGIRE

AR MAIDIN MHOCH lá amháin sa Bhealtaine bhí Cormac ua Choinn
ina aonar ar Mhúr Tea i dTeamhair. Chonaic sé chuige óglach
aosta fionnliath ; brat corcra cortharach uime ; léine shíogach ór-
shnáith ar a chneas ; dhá chuarán fhiondruine idir a throithe agus
an talamh, craobh airgid lena ais a raibh trí húill óir uirthi. Ba leor
de aoibhneas agus de áineas éisteacht leis an cheol a dhéanadh an
chraobh. Do chodlóidís fir a bheadh gonta go mór, nó lucht galair,
nó mná ar a leaba luí seoil ón cheol a níodh an fear nuair a chroith-
eadh sé an chraobh.

Bheannaigh an t-óglach do Chormac agus bheannaigh Cormac
dósan.

' Cá has a dtáinig tú ? ' arsa Cormac.

' As tír ná bíonn inti ach an fhírinne,' ar seisean, ' agus ná
fuil inti aois ná urchóid, dubhachas ná tuirse, tnúth ná formad,
mioscais ná mór-is-fiú.'

' Ní hamhlaidh dúinne,' arsa Cormac. ' Ceist agam ort, a óglaigh,'
ar seisean, ' an ndéanfaimid cairdeas le chéile ? '

' Ba mhaith liom a dhéanamh,' arsa an t-óglach.

Rinne siad cairdeas le chéile ansin.

'Tabhair domsa an chraobh,' arsa Cormac.

'Bhéarfad,' arsa an t-óglach, 'má tugtar dom ina comaoin as Teamhair na trí haiscí a iarrfaidh mé.'

'Bhéarfar,' arsa Cormac.

Naisc an t-óglach ansin comhlíonadh a ghealltanais ar Chormac, d'fhág an chraobh aige agus d'imigh as láithreach i slí ná feadair Cormac cé an treo a ndeachaigh sé.

D'fhill Cormac isteach sa rí-theach. Bhí an teaghlach ag déanamh iontais den chraoibh. Chroith Cormac dóibh í gur chuir sé ina suan iad ón tráth sin go dtí an tráth céanna arna bhárach.

I gceann bliana tháinig an t-óglach a lorg ar gealladh dó. D'iarr sé ar Chormac comaoin a chraoibhe.

'Bhéarfar sin duit,' ar Cormac.

'Bhéarfaidh mé Ailbhe liom inniu,' arsa an t-óglach.

Rug sé leis Ailbhe, iníon Chormaic, ansin. Lig bantracht na Teamhrach trí gártha os ard le cumha i ndiaidh iníon rí Éireann. Chroith Cormac an chraobh dóibh, ámh, nó gur scar sé uile ón bhrón iad agus gur chuir ina suan iad.

Mí ón lá sin tháinig sé arís agus rug leis Cairbre Lifeachair, mac Chormaic. Níor stopadh den chaoi ná den chaoineadh i dTeamhair i ndiaidh an mhic, níor caitheadh bia ná níor chuathas chun suain an oíche sin ann agus bhíothas i mbrón agus i ndubhachas go han-mhór. Chroith Cormac an chraobh dóibh agus scaip sé a mbrón.

Tháinig an t-óglach céanna arís.

' Caidé tá uait inniu ? ' arsa Cormac.

' Do bhainchéile-se,' ar seisean. ' Eithne Thaobhfhada, iníon Dhúnlaing Rí Laighean.'

Rug sé leis ansin an bhean.

Níor fhulaing Cormac an gníomh sin. Chuaigh sé i ndiaidh an óglaigh agus chuaigh a raibh i dTeamhair ansin i ndiaidh Chormaic ach thit ceo trom orthu i lár na máighe sconsaí. Tharla Cormac ansin ar mháigh mhór ina aonar. Bhí dún mór ar lár na máighe agus sconsa cré-umha uime. Bhí teach fionn-airgid laistigh den dún agus a leath dá dhíon déanta de eití fionn-éan. Bhí marcshlua sí chun an tí agus uaidh, lán baclainne de eití fionn-éan leis an teach a dhíonadh in ucht gach duine acu siúd a bhí ag teacht. Thagadh séideán gaoithe i gcónaí, ámh, agus an méid a bhíodh díonta acu bheireadh an ghaoth léi é.

Chonaic sé fear ansin ag fadú tine. Chuireadh an fear stacán ramhar darach bun barr ar an tine agus nuair thagadh sé arís agus stacán eile leis bhíodh deireadh dóite ag an chéad cheann.

Chonaic sé ansin dún ríoga ró-mhór eile agus sconsa eile cré-umha uime sin. Bhí ceithre tithe sa dún. Chuaigh sé isteach ann agus chonaic sé roimhe an rí-theach ró-mhór. Bhí cliatha creatlaigh an tí déanta de chré-umha agus na buinneáin chaola déanta d'airgead agus ba de eití fionn-éan an tuí sa díon.

Chonaic sé ansin tobar soilseach i lios an tí agus cúig srutha

61

as agus na sluaite ag ól uisce an tobair agus uisce na sruth um á seach. Naoi gCoill Bhuana ag fás os cionn an tobair. Ligeadh na coill chorcra dá gcnóite titim uathu sa tobar agus na cúig bradáin a bhí sa tobar bheiridís orthu, phléascaidís iad agus chuiridís a mblaosca ar snámh ar na srutha. Fuaim na sruth sin ag titim ba bhinne é ná gach ceol ar bith a cantar.

Chuaigh Cormac ansin isteach sa rí-theach. Fuair sé aon lánúin amháin sa teach roimhe. Ba dheárscnaithe é deilbh an óglaigh díobh ar áilleacht a chrutha, ar chaoine a chuma agus ar iontas a dhéanaimh. Bhí ógbhean aibidh mhongbhuí ina theannta, folt órga gruaige uirthi, agus ba í ab áille de mhná an domhain. Bhí a cosa á ní gan neach ar bith do thabhairt chúraim dóibh. Bhí dabhach fothragtha ar thaoibh an tí agus an t-uisce ann te de shíor gan duine bheith ina chúram ach na clocha teo ann agus as uathu féin. Dhein Cormac é féin d'fhothragadh ann.

Le linn dóibh bheith ansin tráthnóna an lae sin chonaiceadar an fear chucu isteach. Bhí tua le haghaidh connadh a ghearradh ina láimh dheis aige, cleith ailpín ina láimh chlé agus muc ina dhiaidh aniar.

'Is mithid dúinn déanamh réidh istigh ó tá aoi uasal tar éis teacht chugainn,' arsa óglach an tí le fear na muice.

Bhuail an fear an mhuc agus mharaigh í. Scoilt sé ansin an chleith ailpín nó go raibh trí bheart de chipíní connaidh aige. Chaith sé an mhuc isteach sa choire.

' Is mithid duit é iompó,' arsa an t-óglach.

' Ní haon mhaith sin a dhéanamh,' arsa an friothálaí, ' mar ní bruithfear an mhuc go brách go dtí go n-instear scéal fíor in aghaidh gach ceathrú dhi.'

' Aithris dúinn, thusa, mar sin ar dtús,' arsa an t-óglach.

' Lá dá rabhas ag tabhairt chuairt timpeall mo chuid fearainn,' arsa an freastalaí, ' fuair mé ba fir eile ar mo thalamh féin agus thug mé liom go dtí an póna iad. Tháinig an fear ar leis na ba im dhiaidh agus dúirt sé liom go dtabharfadh sé luach saothair dom ar a bha a ligint leis. Thugas dó na ba agus thug seisean dom muc agus tua agus cleith ailpín : an mhuc a mharú gach oíche leis an tua, an chleith ailpín a scoilteadh léi freisin agus go mbeadh ansin dóthain bruite na muice de chonnadh ann agus dóthain an rí-thí sa mhuc, agus ansin is beo an mhuc arís ar maidin agus is slán an chleith ailpín agus is amhlaidh sin atá siad agam ó shoin go dtí inniu.'

' Scéal fíor, go deimhin, an scéal sin,' arsa an t-óglach.

hIompaíodh an mhuc agus ní bhfuarthas ach a ceathrú bruite dhi.

' Instear scéal fíor eile linn,' arsa siad go léir.

' Inseodsa ceann,' arsa an t-óglach. ' Tháinig aimsir threafa againn,' ar sé. ' An t-am a chuathas leis an ghort sin amuigh a threabhadh fuarthas treafa fuirsithe é agus síolta le cruithneacht. Nuair chuathas á baint fuarthas ina cruach sa ghort í. An uair chuathas á tarraingt isteach go dtí an áit sin amuigh fuarthas in aon chruach amháin díonta sa lios í. Táthar á hithe ó shoin go dtí inniu ach ní mó ná ní lú riamh í.'

hIompaíodh an mhuc agus fuarthas ceathrú eile bruite dhi.

'Liomsa an scéal anois,' arsa an ógbhean. 'Tá seacht mba agus seacht gcaoirigh agamsa,' ar sise. 'Tá dóthain mhuintir Thír Tairngire i mbainne na seacht mbó sin agus faightear a ndóthain d'éadach olla as olann na seacht gcaorach.'

Fuarthas an treas ceathrú den mhuc bruite den scéal sin.

'Leatsa an scéal anois,' arsa siad le Cormac.

D'aithris Cormac ansin cé mar tugadh a bhean agus a mhac agus a iníon uaidh agus cé mar tháinig sé féin ina ndiaidh gur shroich sé an teach úd ina raibh sé.

Fuarthas an mhuc uile bruite láithreach.

Roinneadh an mhuc ansin agus tugadh a chuid féin di i bhfianaise Chormaic.

'Ní chaithimse proinn riamh,' arsa Cormac, 'gan caoga im chuideachta.'

Chan an t-óglach dord ceoil dó ansin nó gur chuir sé ina chodladh é. Dhúisigh sé i gceann tamaill agus chonaic sé caoga óglach ina láthair agus a bhean agus a mhac agus a iníon in éineacht leo. Chuir sin ardú meanman air. Dáileadh bia agus deoch dóibh ansin nó go rabhdar súch suáilceach.

Tugadh cuach óir ansin i láimh an óglaigh. Bhí Cormac ag

déanamh iontais den chuach ar áilleacht a chuma agus ar iomad na ndealbh a bhí greanta air.

'Tá ní is iontaí ná sin ag baint leis,' arsa an t-óglach. 'Má abartar trí bréaga ina fhianaise brisfidh sé ar trí. Trí ráite fíora a aithris ina láthair ansin agus táithfidh sé ina chéile arís slán.'

D'inis an t-óglach trí bréaga ansin agus bhris an cuach ar trí.

'Is fearr an fhírinne a chanadh anois,' arsa an t-óglach, 'le go slánófar an cuach. Bheirim mo bhriathar, a Chormaic,' ar seisean, 'nach bhfaca do bhean ná do iníon gnúis fir ó tugadh ó Theamhair uait iad go dtí inniu, agus nach bhfaca do mhac gnúis mhná.'

Ba shlán iomlán an cuach láithreach de sin.

'Tabhair leat do mhuintir anois,' arsa an t-óglach, 'agus beir an cuach leat go mbí sé agat le dealú na fírinne ón bhréag agus bíodh agat freisin an chraobh chun ceoil agus seanma. Bhéarfar uait uile iad an lá a gheobhaidh tú bás. Mise Manannán Mac Lir,' ar seisean, 'rí Thír Tairngire, agus is é fáth thugas anseo thú le go bhfeicfeá Tír Tairngire. An marcshlua a chonaic tú ag díonadh an tí is iad sin aos dána na hÉireann ag cnuasach stór agus maoin a théann ar neamhní as. An fear a chonaic tú ag fadú na tine, óg-thiarna é sin agus é ag caitheamh lena thiarnas gach a bhfaigheann sé as. An tobar a chonaic tú agus na cúig srutha as, tobar an fheasa é sin agus is iad na cúig srutha na cúig céadfaí trína dtarraingítear an fios agus ní bhíonn dán ag aon duine ná hólann deoch as an tobar nó as na cúig srutha sin. An mhuintir a ólann as an dá cheann is iad lucht na n-ildhán iadsan.

Nuair dhúisigh Cormac an mhaidin arna bhárach is é an áit a bhfuair sé é féin ar fhaiche na Teamhrach, an ceathrar acu, agus an chraobh agus an cuach acu. Ba é Cuach Chormaic ainm an chuaich ina dhiaidh sin agus is é a dhealaíodh an fhírinne ón bhréag ag na Gaeil. Faoi mar gealladh dó, ámh, níor mharthanach é i ndiaidh Chormaic.

CEART CLAIDHIMH CHORMAIC

Tugadh Socht chuige uair ar féasta óil

Níl aon fhiúntas speisialta litríochta ag baint leis an téax seo ach is sampla inspéise é de scéal as an tsean-litríocht a bhféadfaí scéal bleachtaireachta a thabhairt air.

Fágadh ar lár trí líne den bhun-téax atá scríofa i mbéarlagar doiléir, cuid den chaint idir Socht agus Fítheal.

CEART CLAIDHIMH CHORMAIC

Ba mhór agus ba dhian smacht Chormaic ar Éirinn. Bhí gialla Éireann uile ar láimh aige. Duine dhíobh sin ab ea Socht mac Fíthil mhic Aonghasa . . . .

Bhí claidheamh cáiliúil ag Socht, a dhornchla d'ór, a chrios d'airgead, breachtra óir ar a fhorgharda, géire faghartha ar a fhaobhar. Shoilsíodh sé mar bheadh coinneal ann san oíche. Dob fhéidir a rinn a fhilleadh go sroichfeadh a dhornchla agus lingeadh sé ar ais arís mar dhéanfadh colg. Theascfadh sé ribe ar snámh ar uisce. Ghearrfadh sé ribe de cheann duine gan baint dá chraiceann. Dhéanfadh sé dhá leath de dhuine ar shlí nach n-aireodh a leath dhe go ceann i bhfad an leath eile uaidh. Dúirt Socht go mba é an claidheamh sin an Cruaidin Coititcheann, claidheamh Chon Culainn, agus go mba seod oidhreachta cine é a bhí ag a shinsir roimhe.

Bhí reachtaire uasal i dTeamhair ag an am sin, Duibhdreann mac Uirghreann. D'iarr an reachtaire ar Shocht an claidheamh a dhíol leis agus dúirt sé le Socht go mbeadh comh-mhaith a bhídh féin le caitheamh ag Socht gach oíche agus go ndáilfí bia ceathrair gach nóin ar a mhuintir—é sin go léir mar éirnis i luach an

71

chlaidhimh, agus go bhfágfadh sé lánluach an chlaidhimh ina dhiaidh sin faoi bhreith a bhéil féin ag Socht.

'Ní dhéanfad,' arsa Socht. 'Ní ceadmhach dom seoda m'athar a reic lena bheo.'

Bhíodar ar feadh i bhfad ar an ionas sin. Bhíodh Duibhdreann ag lorg an chlaidhimh agus i gcónaí ag meabhrú air. Tugadh Socht chuige uair ar féasta óil. D'iarr Duibhdreann ar an dáileamh fíon agus miodh a choinneáil le Socht nó go mbeadh sé ar meisce. Deineadh amhlaidh i dtreo ná feadair Socht cá háit a raibh sé agus chuaigh sé a chodladh fán ionas sin.

D'ardaigh an reachtaire an claidheamh leis ansin agus thug leis é go dtí Connu, ceard an rí Cormac.

'An féidir leat,' ar sé le Connu, 'dornchla an chlaidhimh seo a oscailt.'

'Is féidir,' arsa an ceard.

Rinne an ceard ansin dornchla an chlaidhimh a scaoileadh agus scríobh sé laistigh ann ainm an reachtaire, Duibhdreann, agus chóirigh sé an claidheamh arís sa chuma ina raibh sé roimhe sin.

D'fhan an scéal amhlaidh sin ar feadh tréimhse, an reachtaire fós ag iarraidh an chlaidhimh ar Shocht agus ná tiúrfadh Socht dó é. D'éiligh an reachtaire an claidheamh ansin ar scáth an dlí agus chomhlíon sé coinníollacha an dlí sa chúis, á rá go mba leis féin an claidheamh agus gurbh amhlaidh goideadh uaidh é. Dhearbhaigh Socht go mba dhual dó féin seilbh an chlaidhimh maille lena threalamh agus a ghléasra agus go raibh teideal cóir aige dhóibh.

D'imigh Socht ansin ag triall ar Fhítheal, a athair, chun a chúnamh a lorg sa chás agus chun é thabhairt leis chun an claidheamh a chosaint.

' Ní dhéanfad,' arsa Fítheal. ' Pléigh féin do chúis. Ní mise dhéanfaidh idirghabháil ar do shon . . . . '

Tugadh caoi ansin do Shocht a chruthú go mba leis féin an claidheamh agus thug sé a bhriathar móide ann go mba seod oidhreachta leis an claidheamh agus go mba leis féin é.

Arsa an reachtaire ansin :

' Go deimhin, a Chormaic, an mhóid úd a ghlac Socht is éitheach í.'

' Cá bhfios duitse gur bréag í ? ' arsa Cormac.

' Is furasta sin a fhreagairt,' arsa an reachtaire. ' Más liomsa an claidheamh tá m'ainm scríofa ann agus é folaithe faoi chlúid sa ndornchla.'

Gairmeadh Socht i láthair Chormaic agus d'inis an rí dhó an ní a dúradh.

' Is gearr go mbí a fhios againn an fíor é,' arsa Cormac. ' Glaoitear chugam an ceard,' ar sé.

Tháinig an ceard agus scaoil sé an dornchla agus fuarthas ainm an reachtaire scríofa ann. Agus is ansin a rug an marbh buaidh ar an bheo mar is don scríbhinn a tugadh luach.

Arsa Socht ansin :

' Cluinigí seo, a fheara Éireann agus a Chormaic in éineacht libh. Admhaím gur leis an fhear seo an claidheamh. A shealbh mar sin duit uaimse,' ar seisean leis an reachtaire, ' agus a chionta chomh maith.'

' Glacaimse orm agus admhaím,' arsa an reachtaire, ' cionta an chlaidhimh in éineacht lena sheilbh.'

Arsa Socht :

' Is é an claidheamh seo a fuarthas i muinéal mo shean-atharsa agus ní fheadarsa cé rinne an gníomh sin go dtí inniu. Beirse breith air sin, a Chormaic ! ' ar sé.

Tugadh seacht gcumhala bó i mbreith Chormaic do Shocht ón reachtaire agus tugadh an claidheamh féin ar ais dó chomh maith.

' Admhaím scéal an chlaidhimh,' arsa an reachtaire, agus d'inis an scéal uile in ord agus d'inis an ceard freisin é. Bhain Cormac seacht gcumhala den reachtaire arís agus seacht gcumhala eile den cheard. Labhair Cormac ansin :

' Is é fírinne an scéil,' ar seisean, gurb é seo claidheamh Chon Culainn agus is leis a maraíodh mo shean-athairse, Conn Céadchathach, le láimh Thiobraide Thírigh, rí Uladh :

Le slua thar bhuíonta daingne
d'imigh leis go Connachta,
is mairg chonaic fuil Choinn
ar lainn chlaidhimh Chon Culainn.

CEART CLAIDHIMH CHORMAIC

Is mar sin sa deireadh a socraíodh an cás idir Chormac agus Fítheal, go bhfuair Cormac ceart an chlaidhimh in éiric bhás Choinn. Is é Cormac mar sin a mheall Socht.

Níor buadh cath ná comhrac riamh in éadan an chlaidhimh sin ná in éadan an té a mbeadh sé ina láimh aige, agus is é an claidheamh sin an treas seod is fearr a bhí in Éirinn—Cuach Chormaic, a chraobh agus a chlaidheamh.

FIONGHAL RÓNÁIN

Chuir bean Rónáin an ógbhean
gan mhoill chuig Maol Fothartaigh

Táthar den aigne gur leagan i nGaeilge é seo den scéal atá i ndráma Euripides, Hippolytus. Bhí mac aonair, Hippolytus, ag Theseus, rí na hAithne, mac a raibh cáil na háilleachta agus na geanmnaíochta air. Tar éis bháis do mháthair Hippolytus phós Theseus Phaedra, iníon Mhinos, rí na Créite. Thit Phaedra i ngrá le Hippolytus (ach is in éadan a tola é, ámh). Nocht sí a rún dá buime agus scéith sise an rún le Hippolytus i nganfhios dá máistreás. Dhiúltaigh Hippolytus di agus mhaslaigh go mór í. Chroch Phaedra í féin de náire an scéil ach d'fhág litir ina diaidh á mhaíomh go raibh Hippolytus ar lorg a héignithe. Dhíbir Theseus a mhac uaidh agus de thoradh a ghuidhe dhíoltais chun Neptune maraíodh Hippolytus.

Do réir Annála Ríochta Éireann fuair Rónán mac Cholmáin, rí Laighean, bás sa bhliain 610 agus do réir na n-annála céanna agus Annála Uladh chomh maith fuair Eochaidh Iarlaithe, rí Dhún Sobhairche, bás sa bhliain 665. Is cosúil gurb ionann an Rónán mac Cholmáin sna hannála agus Rónán mac Aodha ár scéilne agus gurb ionann Eochaidh Iarlaithe na n-annála agus an tEochaidh, rí Dhún Sobhairche, sa scéal seo, ach ós léir nár chomhaimsirigh iad ní dócha go bhfuil an scéal bunaithe ar eachtraí stairiúla. Faoin bhliain 664 in Three Fragments of Annals le Dubhaltach Mac Firbhisigh luaitear bás Eochaidh Iarlaithe, rí Dhál Araí, agus tugtar achoimre ar an scéal atá anseo againn.

Is sondasach nach é amháin ná tugtar ainm don bhuime sa dráma clasaiceach ná sa scéal Gaeilge ach nach dtugtar ainm do

79

iníon rí Dhún Sobhairche ach oiread.

Tá lom-neart na tragóide clasaicí chomh soiléir sin i dtréithiúlacht an scéil seo gur díomhaoin bheith á léiriú. Is inspéise mar ní é gur bhunaigh Séamus Ó Néill dráma, Iníon Rí Dhún Sobhairche, *ar an scéal seo.*

As an téax sa Leabhar Laighneach *a chuir Kuno Meyer an scéal seo i gcló i* Rev. Celt. *13. Tá aistriúchán air i gcló ag Rudolph Thurneysen i* Sagen aus dem Alten Irland, *agus tá achoimre i mBéarla ar an scéal ag an Ollamh Myles Dillon in* The Cycle of the Kings. *Meán-Ghaeilge atá sa bhun-téax.*

FIONGHAL RÓNÁIN

Bhí rí ar Laighin, Rónán mac Aodha, agus Eithne iníon Chumascaigh mhic Eoghain de Dhéise Mumhan mar bhainchéile aige. Rug sí mac dó, Maol Fothartaigh, an mac is uaisle a bhí ar Laighin riamh. Éirítí ina seasamh roimhe ag tabhairt onóra dhó sa dáil agus sa dún, ar chluichí agus ar aontaí agus ag láthair na hiomrascála agus na gcleasa lúith. Ba é mian gach iníne é agus leannán na n-ógbhan uile.

D'éag máthair Mhaoil Fhothartaigh agus bhí Rónán ar feadh i bhfad gan chéile.

' Cé an fáth nach nglacann tú chugat bainchéile ? ' arsa a mhac leis. ' Ba fearrde thú bainchéile le do thaoibh.'

' Deirtear liom,' arsa Rónán, ' go bhfuil iníon álainn ag Eochaidh, rí Dhún Sobhairche ó thuaidh.'

' Ní céile mná óige tusa,' arsa an mac. ' Ná glacfá bean fhoirfe chugat ? Dar liom ba oiriúnaí sin duit ná baotháinín girsí.'

Níorbh fhéidir comhairle a chur ar Rónán, ámh. D'imigh sé leis ó thuaidh gur pósadh le iníon Eochaidh é agus gur thug sé leis abhaile í. D'imigh Maol Fothartaigh ar cuairt i ndeisceart Laighean.

Nuair tháinig an bhean aduaidh :
' Cá bhfuil do mhac, a Rónáin ? ' ar sise. ' Deirtear liom go
bhfuil mac iontach agat.'
' Tá, go deimhin,' arsa Rónán, ' an mac is fearr i Laighin.'
' Glaoitear chugamsa é, mar sin,' ar sise, ' go bhfáiltí sé romham
agus roimh mo mhuintir agus roimh an mhaoin agus na seoda a
thug mé liom.'
' Tiocfaidh sé, cinnte.'
Cuireadh fios ar Mhaol Fothartaigh ansin agus tháinig sé agus
d'fhear sé fáilte mhór roimpi :
' Beidh grá anseo ort,' ar seisean. ' Gach a bhfaighead de
mhaoin agus de sheoda, is agat a bheidh siad ach Rónán a ghráú.'
' Is maith liom,' ar sise, ' é bheith ar d'intinn agat mo leas-sa
a dhéanamh.'
Bhí ógbhean álainn mar innilt ag bean Rónáin. Chuir sí an
ógbhean gan mhoill chuig Maol Fothartaigh á lorg air luí léi. Ní
leomhfadh an ógbhean é lua le Maol Fothartaigh, ámh, ar eagla
go maródh sé í. Bhagair bean Rónáin ansin a ceann a bhaint
den innilt mura n-abradh sí an scéal le Maol Fothartaigh.
Bhí Maol Fothartaigh uair amháin ag imirt fichille lena bheirt
chomhalta, Donn agus Conghal, beirt a bhíodh ina theannta i gcónaí.
Ghabh an innilt chucu agus thosaigh ag imirt na fichille leo.
Thriaileadh sí ó am go ham an scéal a tharraing anuas ach ní
leomhfadh sí é agus tháinig luisne ina haghaidh. Thug an bheirt

82

chomhalta é sin fá deara.

D'imigh Maol Fothartaigh uathu.

' Caidé is áil leat a rá ? ' arsa Conghal leis an innilt.

' Ní liomsa is áil dada,' ar sise, 'ach le iníon Eochaidh. Ba áil léi Maol Fothartaigh mar leannán aici.'

' Ná cloistear uait sin, a bhean,' arsa Conghal. ' Is é do bhás a bheidh de má chloiseann Maol Fothartaigh sin. Ach más áil leat é, déanfaidh mé do leas féin le Maol Fothartaigh ina áit sin.'

D'inis an innilt do bhean Rónáin cé mar bhí.

' Is maith liom amhlaidh é,' ar sise, ' mar má bhíonn tusa i do leannán aige gheobhaidh tú mo theachtaireachtsa a rá leis agus gheobhaidh tú mo leas-sa a dhéanamh leis ansin.'

Is mar sin a socraíodh an scéal agus ghlac Maol Fothartaigh an innilt mar leannán chuige.

' Féach,' arsa bean Rónáin leis an innilt tar éis tamaill de aimsir, ' ní dhearna tú mo leas-sa go fóill le Maol Fothartaigh. Is é is dóigh liom gur fearr leat é bheith agat féin ar fad. Má sea, is é do bhás a bheidh de.'

Tháinig Maol Fothartaigh lá ar an innilt agus í ag caoi.

' Céard tá ort, a bhean ? ' ar seisean.

' Iníon Eochaidh atá ag bagairt mo mharfa orm,' ar sise, ' mar nach ndéanaim a leas leatsa ionas go luífeadh sí leat.'

'Sin scéal a bhfuil dealramh air ! ' ar seisean. ' Is maith an scéal duit gur ghlac tú coimirce uaim sarar labhair tú air. A

bhean,' ar seisean, ' dá gcuirfí trí huaire mé faoi chlais na tine
nó go ndéantaí min agus luaith dhíom ní luífinn le bean Rónáin, gidh
go saorfadh sin mé ón ainíde sin uile. Mar atá, imeoidh mé liom
á seachaint.'

Thug sé leis caoga laoch ansin agus d'imigh go hAlbain. Fearadh
fáilte mhór roimhe ag rí Alban. Bhí coin ag an rí chun míola
máighe d'fhiach, coin d'fhiach muca agus coin d'fhiach fia. Daoilín
agus Daithleann, ámh, dhá choin Mhaoil Fhothartaigh, mharaídís
ar a dturas gach géim roimh choin an rí. Gach cath agus gach
teagmháil ina raibh an bhuaidh ag rí Alban is é Maol Fothartaigh
a bhuaigh dó é.

' Cad é an scéal é seo, a Rónáin ? ' arsa na Laighnigh. ' An tusa
a ruaig Maol Fothartaigh as an tír ? Marófar linn thú mura
dtigidh sé ar ais.'

Tugadh an scéal sin chuig Maol Fothartaigh agus d'fhill sé
anoir. Is go Dún Sobhairche a tháinig sé i dtosach ag filleadh anoir
dó agus cuireadh fáilte mhór roimhe.

' Is olc an ní uaitse,' arsa Eochaidh leis, ' nach luíonn tú le
mo iníonsa. Is duitse thugas í agus ní don sean-aitheach úd is
athair duit.'

' Is olc uait mar chaint é sin go deimhin,' arsa Maol Fothartaigh.

Chuaigh Maol Fothartaigh abhaile go Laighin ansin agus fearadh
fáilte mhór roimhe. Ghlac sé chuige mar leannán an ógbhean
chéanna.

' An fear sin uait domsa,' arsa iníon Eochaidh leis an innilt,
' nó is é do bhás bheidh de ! '

D'inis an innilt sin do Mhaol Fothartaigh.

' Céard a dhéanfaidh mé faoi seo, a Chonghail ? ' arsa Maol
Fothartaigh lena chomhalta.

' Má thugann tú luach saothair domsa ann,' arsa Conghal,
' cuirfidh mé an bhean díot ar mhodh ná smaointeoidh sí arís ort.'

' Gheobhair mo each gona shrian agus mo bhrat ina theannta,'
arsa Maol Fothartaigh.

' Ní ghlacfaidh mé uait,' arsa Conghal, 'ach do dhá choin le
bheith i mo sheilbh féin amháin.'

' Gheobhaidh tú iad,' arsa Maol Fothartaigh.

' Imigh thusa amárach,' arsa Conghal, ' go Ba Aoife agus bí ag
fiach míol máighe ann.' (Clocha a bhí ar thaoibh nó ar ' aoife '
an tsléibhe ab ea Ba Aoife. Ba chosúil i gcéin iad le ba fionna).

' Seolfaidh an innilt a máistreás chugainne. Agus fág fúmsa í
chur díot.'

' Sin mar dhéanfaidh mé,' dúirt a máistreás leis an innilt. Dob
fhada léi go maidin. Arna bhárach d'imigh siad don choinne agus
fuair siad Conghal sa bhealach rompu.

' Cá bhfuil do thriall, a striapach ? ' ar seisean. ' Ní maith duit
imeacht i do aonar, muran ag dul i gcoinne le fear atá tú. Fill
ar do theach,' ar sé, ' agus drochrath go raibh ort.'

Thug Conghal ar ais chun an tí í ach chonaic siad chucu arís í.

'An mar sin atá ! ' arsa Conghal. 'An é is áil leat Rí Laighean a náiriú, a dhrochbhean ! Má fheicim anseo arís thú,' ar seisean, 'bhéarfaidh mé do cheann ar chuaille i láthair Rónáin. Drochbhean ag tabhairt náire dhó ag imeacht thar chlathacha agus trí mhuiní ina haonar chun coinne le hógánach.'

Thóg sé eachlasc chuici gur thiomáin sé ar ais chun a tí féin í.

'Bhéarfaidh mise,' ar sise, 'scaird fola thar do bhéalsa amach ina dhíol seo.'

Tháinig Rónán abhaile agus chuaigh muintir Mhaoil Fhothartaigh isteach i dteach an Rí ach d'fhan sé féin ina aonar amuigh ag fiach.

'Cá bhfuil Maol Fothartaigh anocht, a Chonghail ? ' arsa Rónán.

'Tá sé amuigh,' ar Conghal.

'Is mairg mo mhacsa bheith amuigh ina aonar agus a liachtaí duine dá dtugann sé maitheas.'

'Táimid bodhar agat,' arsa bean Rónáin, 'ag caint ar do mhac.'

'Is cóir labhairt air,' arsa Rónán. 'Níl in Éirinn mac is fearr ná é ag déanamh réir a athar. Agus is mar a chéile a éad fá mo onóirse i measc daoine ag Áth Cliath agus ag Clár Doire Mhór agus ag Droichead Chairbre agus dá mba é a anam féin bheadh i gceist, ionas nach miste domsa agus duitse bheith sámh, a bhean.'

'Ní bhfaighidh sé uaimse, ámh,' ar sise, 'an tsáimhe ab áil leis, luí liomsa i do áitse. Go deimhin ní beo bheadsa ag cur ina choinne níos faide. Trí huaire ó mhaidin inniu rug Conghal mise chuige gur ar éigin d'éalaigh mé as a lámha.'

' Mallacht ar do bhéal, a dhrochbhean ! ' arsa Rónán. ' Is bréag duit sin.'

' Feicfidh tú fianaise air anois,' ar sise. ' Gabhfadsa leathrann dó féachaint an mbeidh sé ag cur lena ngabhann seisean.' Bhíodh sé de chleachtadh ag Maol Fothartaigh sin a dhéanamh gach oíche mar shásamh di-se : chanadh seisean leathrann agus chuireadh sise an leath eile leis.

Tháinig Maol Fothartaigh isteach. Bhí sé ag tirimiú a cholpaí ag an tine agus Conghal lena thaoibh. Bhí Mac Ghlas, drúth Mhaoil Fhothartaigh, ag déanamh cleasa ar urlár an tí.

Labhair Maol Fothartaigh ansin, agus ó ba fuar é an lá, ar seisean :

> Is fuar ó shiab na gaoithe
> don té i bhfeighil Bha Aoife.

' An gcluin tú sin, a Rónáin ! ' ar sise. ' Gabh arís é,' ar sí.

> Is fuar ó shiab na gaoithe
> don té i bhfeighil Bha Aoife,

ar sé. Ar sise :

> Dar liom is buachailleacht amú
> gan ba, gan neach dod ghráú.

(Á chur i gcéill nach é amháin nach dtug sé na ba leis ach nach dtáinig sí féin chuige ach oiread).

' Is fíor don scéal, mar sin,' arsa Rónán.

Bhí curadh láimh le Rónán, Aodhán mac Fiachna Lára.

'A Aodháin,' arsa Rónán, 'cuir ga i Maol Fothartaigh agus ceann eile i gConghal.'

Nuair bhí droim Mhaoil Fhothartaigh leo ag an tine chuir Aodhán an ga ann go ndeachaigh a rinn tríd agus gur leag ina shuí é. Ag éirí do Chonghal chuir Aodhán ga eile ann trína chroí. Thug an drúth amas ar theitheadh ach theilg Aodhán ga ina dhiaidh agus d'fhág a ionathair ag sileadh as.

'Is leor, a Aodháin, a bhfuil déanta agat ar mo mhuintir,' arsa Maol Fothartaigh, ón áit a raibh ina shuí.

'Bhí an t-ádh sin acu,' arsa Rónán, 'ó ná fuair tusa bean ar bith chun do mhian ach mo bheansa.'

'Is trua an bhréag sin a mheall thú, a Rónáin,' arsa Maol Fothartaigh, 'do aonmhac a mharú gan cionta. Dar do ghradam rí agus dar coinne an bháis i bhfuilim anois ag dul, ní ciontach mé sa smaointiú féin ar luí léi ach oiread agus luífinn lem mháthair. Tá sí am iarraidhse ó tháinig sí sa tír seo. Inniu féin thug Conghal ar ais trí huaire í i dtreo is ná sroichfeadh sí fhaid liom. Níor thuill Conghal a mharú.'

Bhí fiach dubh ag tabhairt ionathair an drúith chomh fada leis an droichead os comhair an tí. Chamfadh seisean a bhéal gach uair. Do gháireadh an chosmhuintir amuigh faoi sin. Ba náir le Maol Fothartaigh an ní sin agus ar seisean :

FIONGHAL RÓNÁIN

A Mhic Ghlais,
fáisc do ionathair ionat ;
gidh duit nach eol a náire
tá daoir ag gáire umat.

D'éag an triúr ansin agus tugadh iad go teach ar leith. D'fhan
Rónán ag faire os cionn coirp a mhic trí lá agus trí oíche. D'imigh
Donn, comhalta Mhaoil Fhothartaigh agus deartháir Chonghail,
go Dún Sobhairche agus fiche marcach in éineacht leis. Mheall sé
Eochaidh chun teacht go teorainn a chríche chun bualadh le Maol
Fothartaigh le scéala bréagach é bheith imithe ar éaló lena iníon.
Thug Donn leis ceann Eochaidh agus ceann a mhic agus ceann a
mhná.

Is ansin a labhair Rónán os cionn a mhic :

Is fuar ó shiab na gaoithe
don té i bhfeighil Bha Aoife :
dar liom is buachailleacht amú
gan ba, gan neach dod ghráú.

Is fuar gaoth
i ndoras tí na laoch :
ba ionmhain liomsa na laoich,
bhídís idir mé is gaoith.

Codail, a iníon Eochaidh,
is mór géire na gaoithe :

mairg liomsa Maol Fothartaigh
á ghoin fá choir mhná baoithe.

Codail, a iníon Eochaidh,
ní sámh dom bíodh ná codlair,
ag féachaint Mhaoil Fhothartaigh
ina léine lán fola.

Arsa iníon Eochaidh :
Mairg, a mharbháin sa chúinne,
ort a luíodh cách a súile,
a ndearna mise de choir
gur ortsa bhí a fhulang.

Do fhreagair Rónán í :
Codail, a iníon Eochaidh,
ní amadáin na daoine,
más fliuch ded chaoi do bhratán
ní hé mo mhacsa chaoinir.

Is ag an uair sin a tháinig Donn isteach agus theilg sé ceann
an athar in ucht na hiníne agus ceann a máthar agus ceann a
dearthár. D'éirigh sí suas agus chaith í féin ar bhior a scine go
raibh trína droim suas inti.

Labhair Rónán ansin :

FIONGHAL RÓNÁIN

Tá Eochaidh anois in eisléine
ar ár ghnáth bratán álainn ;
an brón atá ar Dhún Náis
tá freisin i nDún Sobhairche.

Tugaigí bia, tugaigí deoch
do choin Mhaoil Fhothartaigh,
agus tugadh neach eile
bia do choin Chonghail.

Tugaigí bia, tugaigí deoch
do choin Mhaoil Fhothartaigh,
cú an fhir a bhéarfadh bia
do dhuine pé méid a d'iarrfadh.

Mairg liom céasadh Daithlinne
agus a heasnaí trína cliabh,
ní uirthi chuirim aifear,
ní ise dhíol mo chaoinmhac.

Mairg liom Daoilín,
is dom féin a fhónfaidh sí,
ag cur a cinn i gcoim gach duine
a lorg an té ná faighidh sí.

Na fir, na giollaí, na heich
a bhíodh um Mhaol Fotharthaigh,
níor ghá dóibh bheith ag lorg cabhrach
an fhaid ba beo dá gceannaire.

Na fir, na giollaí, na heich
a bhíodh um Mhaol Fothartaigh,
is iomaí uair d'ardaídís gáir
tar éis dóibh an bhuaidh fháil.

Mo mhacsa, Maol Fothartaigh,
a mba áras dó an choill ard,
ní scaradh rí ná rídhamhna uaidh
gan comhartha measa agus umhla.

Muintir Mhaoil Fhothartaigh,
gidh cinnte mé nach athlaoich iad,
ní maith sheasaimh siad don fhear
a fhreastail riamh a n-easpa.

Mo mhacsa, Maol Fothartaigh,
chuartaigh sé Alba chuantach,
ba laoch idir laochra é,
d'imríodh sé a ghaisce orthu.

Mo mhacsa, Maol Fothartaigh,
ba é príomhchú na cuaine é,
mo bhradán fada fionn ar lasadh
tá sé anois in áras fuar.

Bhí na Laighnigh timpeall ar Rónán agus é ag caoineadh.
Leagadar síar thar a ais ar an talamh é. Chuathas ansin ar thóir
Aodháin agus gabhadh é ag beirt mhac Mhaoil Fhothartaigh,

Aodh agus Maol Tuile. Chuir Aodh a shleá ann nó go ndearna sé criathar beach de.

'Ligigí dom éirí, a ógfheara,' arsa Rónán, 'muran é is áil libh mé mharú. An marbh do Aodhán ? ' ar sé.

'Is marbh, gan amhras,' arsa na hógfhir.

'Cé mharaigh é ? ' arsa Rónán.

'Aodh a mharaigh é,' ar siad.

'An raibh páirt ag Maol Tuile ann ? ' ar seisean.

'Ní raibh,' arsa na hógfhir.

'Nár ghona sé duine eile go brách ! ' arsa Rónán.

> Ba dhána an mhaise í
> mac aithigh ag goin mhic rí,
> ba shoiléir sin i lá a bháis
> d'Aodhán mac Fiachna Lára.

Is ansin a dhruid an cath idir mhuintir Rónáin agus mhuintir Mhaoil Fhothartaigh anall chuig doras tí an rí. Ar seisean :

> An cogadh seo ar an mháigh
> caithfidh mé é sheasamh gan Maol Fothartaigh,
> ró-dhéanach anois don sean-laoch
> aghaidh a thabhairt ar chogadh nua.

Leis sin do ling scaird fola thar a bheola amach agus d'éag sé ar an láthair.

Ag sin Fionghal Rónáin.

IOMRAMH BHRAIN
MHIC FEABHAIL

Gach uair a bhreathnaíodh sé siar,
ba ar a chúl a bhíodh an ceol

Is é Iomramh Bhrain *is sine de na scéalta farraige sin atá ina gcuid sondasach den tsean-litríocht. Fá dheireadh an 7ú céad a cumadh é, is cosúil. Is é ábhar an scéil turas Bhrain trasna na farraige ar lorg an ' Athshaoil,' an Elysium Ceilteach sin a luaitear sa litríocht faoi chéad ainm—Magh Meall, Tír Bheo, Magh Mhór, etc. Tugtar anseo ceann de na cuntais is fearr ar an tír sin na beatha suthaine nach bhfeicfeadh ach corr-dhaonnaí—cá bhfaighfí pictiúir níos tarrantaí ná é sin a samhlaítear dúinn i bhfocail na mná as tíortha inghnáthacha, nó sa chur síos a níonn Manannán ar a ríocht féin ?*

I bhfilíocht na dúlraí a shroich ár sean-fhilíocht an chéim ab airde. D'éirigh mórán den fhilíocht sin as an chlaonadh chun na díthreabhachta a thug ar fhir naofa imeacht leo ar an uaigneas, áit nach mbíodh de chomhluadar acu ach Dia agus an dúlra. Ach ní fás gan phréamha an fhilíocht dúlraí. In Iomramh Bhrain *braithimid an bhuaidh ba ghnáthach ag liriceoir aonraic na gcoillte, an cumas le íomhá álainn nó atmasféar cumhra a chur i dtuiscint le beagán focal agus le friotal simplí.*

Tá téax an scéil truaillithe in áiteacha, ionas nach furasta ciall a bhaint as. Cheartaíomar roinnt locht ar an tiontó go Béarla (Voyage of Bran I) *a rinne Kuno Meyer tamall maith ó shoin (tá eagrán níos déanaí le Van Hamel, gan aistriúchán, ar fáil freisin).*

IOMRAMH BHRAIN MHIC FEABHAIL

CAOGA RANN a ghabh an bhean as tíortha inghnáthacha ar lár an tí do Bhran mhac Feabhail, uair a bhí an rí-theach lán de ríthe, nárbh eol dóibh cá has a dtáinig an bhean, ó tharla na leasa dúnta.

Is é tosach an scéil : Bhí Bran ag siúl thart leis féin lá amháin i ngar dá dhún, nuair a chuala sé an ceol ar a chúl. Gach uair a bhreathnaíodh sé siar ba ar a chúl a bhíodh an ceol i gcónaí. Fá dheireadh chodail sé le binneas an cheoil. Nuair a dhúisigh sé as a chodladh chonaic sé an chraobh airgid fána bláth fhionn ina fharradh agus níorbh fhurasta a bláth a idirdhealú ón chraobh sin. Thug Bran an chraobh ina láimh ansin go dtí a rí-theach. Faoin am a raibh an chuideachta bailithe sa rí-theach chonaiceadar an bhean in éadach neamhghnáthach ar lár an tí. Is ann a chan sí an caoga rann seo do Bhran, agus chuala an slua agus chonaiceadar uile í :

Craobh den abhaill as Eamhain
a thig mar shamhail dá gnátha,
géaga fionn-airgid uirthi,
fabhraí gloine fá bhlátha.

SCÉALAÍOCHT NA RÍTHE

Atá inis i bhfad i gcéin
fána dtaitneann caiple séin ;
rith fionn lenar taobh-gheal tonn
ina suí go socair ar cheithre shonn.

Is lúcháir súl, is sreath fá bhuaidh
an mhagh seo ina gcleachtann sluaigh ;
coimhlint ann idir curach is carbad
insan mhaigh theas sin, Fionnairgead.

Cosa bán-fhiondruine faoi
ag lonradh tré aoise gnaoi ;
tír chaoin tré bhiotha lána
ar a sníonn na hilbhlátha.

Atá ann bile fá bhlátha
ar a gcanann éin na trátha ;
is tré chomhcheol is gnáth
a chanaid uile gach tráth.

Taitneann liaga ar gach aon lí.
trísna maighe mín-chuimhne ;
is gnách subha, ceol is séan
insan mhaigh theas, Airgidnéall.

Ní gnách éagaoineadh ná brath
insan oileán lúcháireach ;
ní bhíonn ann gairge ná cruas
ach binneas ceoil le n-éisteann cluas.

IOMRAMH BHRAIN MHIC FEABHAIL

Gan brón, gan dubha, gan bás,
gan aon ghalar ná cruachás ;
sin é comhartha Eamhna,
ní coiteann a comh-amhra.

Caoine tíre rí-amhra
ina bhfuil comhghnúise niamhdha ;
feabhas a radharc, finne a ceo,
ní bhfuarthas riamh comh-mheas leo.

Dá bhfeicthí Airgtheach ansin,
ar a sníonn cloch bhua is criostail ;
scuaibeann muir le tír ina toinn,
trilse criostal as a mhoing.

Maoine is seoda gach datha
is i gCiúin a thiocfá orthu ;
éisteacht le ceol fá aoibhneas,
ól scoth fíona ar suaimhneas.

Carpaid órtha ar Mhagh Réin
a éiríonn le tuile don ghréin ;
carpaid airgid i Magh Mon
is carpaid cré-umha freisin.

Groigh ór-bhuí ann sa tsreath,
groigh eile ar chorcar-dhath ;
groigh eile thar dhroim mhara,
ar ghlas na spéire iadsan uile.

SCÉALAÍOCHT NA RÍTHE

Tig ann le héirí gréine
fear fionn a shoilsíonn réidhe ;
siúlann magh fhionn ara mbuaileann muir,
meascann farraige go mbí ina fuil.

Tig an slua thar mhuir ghlain,
is féachann an tír an t-iomramh ;
iomrann siad leo don líg mhóir
as a n-éiríonn céad ceol.

Seinneann ceol tré bhith síor
don tslua uile le siansa fíor ;
ardaíonn fuaim le córa céad,
ní dán dóibh aife ná éag.

Eamhna ildealbhach chois mara,
pé gairid uainn nó fada,
mar a bhfuil ilmhílte áille ban,
is ina timpeall an mhuir ghlan.

Má chluineann neach ceol na bhfuaim,
guth na n-éan as Imchiúin,
chífidh sé ag teacht ón ard
buíon bhan don chluiche-mhaigh.

Tiocfaidh saoirse le sláine
sa tír i bhfeartar gáire ;
is in Imchiúin na hóighe
a bheas áineas le buaine.

IOMRAMH BHRAIN MHIC FEABHAIL

Is le suthaine síne
a scaipeann airgead ar thíortha ;
aill fhor-fhionn ar imeall mara
a gheibh ón ghréin loinnir teasa.

Cúrsaí capall thar Mhagh Mon,
cluiche álainn nach anbhann ;
sa tír aoibhinn fá mhaise séad
ní dán dóibh aife ná éag.

Éisteacht le ceol san oíche
agus teacht in Ildathaigh—
fearann breac ar áilleacht mhionn
as a dtaitneann an néall fionn.

Atá trí chaoga inse cian
insan aigéan uainn aniar ;
is mó ná Éire gach ceann díobh
fá dhó b'fhéidir nó fá thrí.

Tiocfaidh mór-ghin d'éis tréimhse
nach mbeidh de chéim na huaisle ;
mac mná nach fios a céile
gabhfaidh flaitheas na n-ilmhíle. [1]

Flaith gan tosach gan foirceann
a chruthaigh an saol go coiteann ;
dhealbhaigh sé talamh is muir,
mairg a bheas faoina dho-thoil.

---

[1] tagairt do theacht Chríost.

SCÉALAÍOCHT NA RÍTHE

Is é féin a chruthaigh neamh,
moladh buan lena fhaoiseamh ;
glanfaidh slua faoi linn ghlain, [1]
is é a íocfas bhur ngalair.

Ní díbh uile mo labhra
cé gur ríomhadh a ciall amhra ;
éisteadh Bran i measc na slua
lena n-insim d'eagna dó.

Ná tit siar i luí leisce,
nárab lag thú de mheisce,
tionscain iomramh thar mhuir ghlan
d'fhios an sroichfeá tír na mban.

D'imigh an bhean uathu ansin go nárbh eol dóibh cá háit a
ndeachaigh, agus thug sí a craobh léi. Léim an chraobh de láimh
Bhrain go raibh sí ar láimh na mná agus ní raibh neart ina láimh
siúd lena coinneáil.

Ansin arna bhárach chuaigh Bran ar muir. Trí naonúir
a bhí siad ann. Fear amháin dá chomhaltaí agus chomhaoise os
cionn na dtrí naonúr. Nuair a bhí siad amuigh dhá lá agus dhá
oíche, chonaiceadar chucu thar an mhuir an fear sa charbad. Chan
an fear sin tríocha rann eile dó agus shloinn sé é féin agus dúirt
gurbh é Manannán mac Lir é. D'inis sé go raibh air teacht go

---

[1] an baisteadh atá i gceist.

IOMRAMH BHRAIN MHIC FEABHAIL

hÉirinn tar éis cianta fada agus go nginfí mac uaidh, Mongán
mac Fiachna—sin an t-ainm a bheadh air. [1] Ansin chan sé an
tríocha rann seo dó :

Caoine amhra dar le Bran
ina churachán thar mhuir ghlan,
domsa im charbad de chéin
is magh scothach ar a dtéim.

É sin is muir ghlan
don bhád bhraineach a bhfuil Bran,
is magh mhaiseach go n-iomad scoth
domsa i gcarbad dhá roth.

Chíonn Bran
líon tonn bhriste thar mhuir ghlan ;
is é chímse féin i Magh Mon
scotha ceann-dearga gan ainimh.

I samhradh taitneann caiple geala
fhaid is léir do Bhran roimhe ;
spréann srutha sruaim de mhil
i gcrích Mhanannáin mhic Lir.

Lí na farraige ar a bhfuilir,
gile mara faoi do rámha,
síneann uait glas is buí,
is talamh é dá shíor-shnoí.

---

[1] féach *Giniúint Mhongáin agus a Ghrá do Dhubh Locha,* leathanach 111.

Léimeann bradáin bhreaca as broinn
faoi do shúil as an mhuir fhinn,
is laoigh iad, is uain le dáimh,
le cairdeas, is gan iomarbháigh.

Cé nach follas ach aon chairbdeach
i Magh Meall go n-iomad scoth,
is mór d'eachaibh atá ar a broinn
bíodh gur léir nach bhfeicir sin.

Méid na maighe, líon an tslua,
taitnid liaga le glan-bhua ;
fionnsruth airgid, sreabha óir,
táirgid fáilte gach tionóil.

Cluiche aoibhinn de shonas lán
imrid le finn-iomarbháigh
fir is mná míne faoi dhos
gan peacadh gan iomarbhas.

Thar bharr coille insan tsnámh
téann ós iomairí do churachán ;
tá toradh na gcrann i mbíonn gnaoi
faoi bhraine do bháidín.

Coill fá bhláth agus toradh
ar a sníonn milse fíon-bholadh,
coill gan orchra, gan easpa,
ar a bhfuil duille fá órdhath.

IOMRAMH BHRAIN MHIC FEABHAIL

Is amhlaidh sinn ó thosach dúile
gan aois gan foirceann úire ;
ní heol dúinn bheith gan ghlaine gan ghus,
níor shroich sinn an t-iomarbhas.

Olc an lá a tháinig an nathair
chuig an athair ina chathair ;
saobhadh an saol thar reacht Dé
go mba dreo nárbh eol roimh ré.

Maraíodh sinn i gcraos is saint
lenar dhíscigh Ádhamh a chlann ;
chuaigh corp críon i gcró na péine
is in áitreabh na síor-réighe.

Sa tsaol abhus is reacht uabhair
dearmad Dé, creideamh dúile ;
traothadh galar é agus aois,
díothú anma trí ró-bhaois.

Tiocfaidh orainn teasargain
ón rí uasal a chruthaigh sinn,
reacht fionn a ghluaisfeas thar mhara,
beidh ina Dhia, is ina dhuine.

An dealbh seo a fhéachas tú
tiocfaidh i do chríochasa ;
tá orm eachtradh go Magh Líne
chuig an bhean a chónaíonn inti.[1]

---

[1] máthair Mhongáin.

Is mhínigh Manannán mac Lir
as an charbad cruth an fhir [1] :
beidh dá chlainn ag tionscnamh a ré
fear caoin i gcorp geal cré. [2]

Luífidh gan leisc an Manannán
in aon leaba le Caointighirn [3] ;
an mac óna n-imeoidh Manann i gcéin
aithneoidh Fiachna ina mhac dó féin.

Bhéarfaidh aoibhneas do aos gach sí,
beidh ina mhuirnín ag gach tír,
nochtfaidh rúnta i rith eagna
insan bhith gan aon eagla.

Beidh sé ann i gcruth gach míl
idir ghlas-mhuir agus tír,
ina dhraig roimh bhuíonta i dtreis,
ina chú allaidh gach fionn-rois.

Ina dhamh fá bheanna airgid,
sa chrích i gcúrsann carbaid,
ina bhradán bhreac i linn láin,
ina rón is ina eala fhionnbháin.

Beidh sé fá chuimhne shíoraí
céad blian i bhfinn-ríghe ;
sleachtfaidh sluagha, leacht imchian,
deargfaidh maighe, roth thar rian.

---

[1] Críost.
[2] Mongán.
[3] máthair Mhongáin.

IOMRAMH BHRAIN MHIC FEABHAIL

Ina laoch gaile ag féinnithe,
le haigne ag cosaint ríthe ;
teilgfidh bithiúnach cloch thar toinn
a leagfaidh Mongán in ard a fhoinn. [1]

Cuirfead mar fhlaith in airde é—
titfidh le mac míchomhairle—
óir is é Manannán mac Lir
a oide is a athair.

Beidh sé, is gairid a thréimhse,
caoga bliain abhus sa tsaol seo,
arm a oidhe cloch dragain de mhuir
insan bhruín ag Seanlabhair.

Lorgfaidh deoch as Loch Ló
tráth a fhéachann caise cró,
tógfar suas é faoi roth néall
don chomhthionól nach eol dóibh léan.

Socair mar sin iomradh Bhrain,
ní cian go tír na mban ;
Eamhna go n-ildath féile
sroichfir roimh fhuineadh gréine.

D'imigh Bran uaidh ansin agus chonaic an inis. D'iomair sé
timpeall uirthi, agus slua mór ag stánadh agus ag scairtigh. Bhí

---

[1] I dtéaxa eile freisin deirtear gur maraíodh Mongán de urchar cloiche.

siad uilig ag breathnú ar Bhran agus a mhuintir, ach ní fhanaidís le labhairt leo. Thigeadh trithí gáire orthu fúthu. Chuir Bran fear dá mhuintir insan inis. Chuir seisean é féin i measc lucht na hinse agus thosaigh ag stánadh chomh maith. Lean siad ag iomramh timpeall. An uair a théadh a fhear muintire thart le Bran ghlaodh a chomrádaithe air. Ní labhradh sé leo ámh ná ní dhéanadh éinní ach stánadh orthu agus a bhéal ar leathadh. Is é ainm na hinse seo Inis Subhae. D'fhág siad ann é.

Níorbh fhada ina dhiaidh sin gur shroicheadar tír na mban agus go bhfacadar taoiseach na mban sa phort. Dúirt sí leo : 'Tar i leith sa tír, a Bhrain mhic Fheabhail. Tá fáilte roimhe do theacht.' Níor leomhaigh Bran dul i dtír. Chaith an bhean ceirtle chuige díreach thar a aghaidh. Chuir sé a láimh ar an cheirtle agus ghreamaigh sí dá bhois. Bhí snáithe na ceirtle i láimh na mná, sa chaoi gur tharraing sí an curach chun poirt. Chuadar ansin i dteaghais mhór. Bhí ioma ann i gcomhair gach lánún, seacht gcinn is fiche acu. An bia a tugadh ar gach mias níor imigh sé díobh. Bliain dar leo a bhí siad ann—tharla gurbh iomaí bliain. Ní raibh in easnamh orthu blas ar bith. [1]

Tháinig uaigneas ar fhear díobh, Neachtán mac Collbhrain. Bhíodh a ghaolta ag impí ar Bhran dul go hÉirinn leis. Dúirt an bhean

---

[1] Sa déscéalaíocht is minic go bhfaigheann gach duine blas do réir a mhéine ar an bhia céanna.

go mba aithreach leo an t-aistear. Chuadar mar sin féin, agus dúirt an bhean leo gan cos a chur i dtír agus an fear a d'fhág siad in Inis Subhae a thabhairt leo in ionad a chomrádaí.

Chuadar ar aghaidh go dtángadar i láthair dála a bhí i Sruibh Bhrain. D'fhiafraigh siadsan cé bhí ag teacht ón mhuir. D'fhreagair an fear : ' Mise Bran mac Feabhail.' ' Ní haithnid dúinn é sin,' arsa an fear eile, ' cé go bhfuil *Iomramh Bhrain* inár seanchas.'

Léim Neachtán amach as an churach uathu. Chomh luath is theagmhaigh sé le talamh na hÉireann ba luaithreach é ionann is dá mba sa talamh a bheadh sé leis na céadta blian. Is ansin a chan Bran an rann seo :

> Do mhac Collbhrain ba díol baoise
> a láimh a thógáil i gcionn aoise ;
> go gcuirtear libh tonn uisce ghlain
> ar Neachtán, ar mhac Collbhrain.

D'inis Bran ansin a imeachta uile ó thosach go dtí sin do lucht an oireachtais, agus scríobh sé na ranna seo in Ogham. Ina dhiaidh sin cheiliúir sé dóibh, agus ní fios a imeachta ó shoin.

GINIÚINT MHONGÁIN
AGUS A GHRÁ DO DHUBH LOCHA

Taispeánann an scéal seo an cumas ar ghreann nádúrtha gan seirfean a dhéanamh faoi institiúidí na tíre a bhí coitianta go leor ag scríbhneoirí na Gaeilge sa Mheánaois. Gheibhimid ann an lán-gháire croíúil agus an mion-gháire fíneálta araon.

Tá dhá roinn sa scéal—cuntas ar ghiniúint Mhongáin ar dtús agus ansin a chuid eachtraí grá le linn tóraíocht Dhubh Locha. Dhealródh sé gur thóg sean-scéalaí éigin dhá scéal a bhain le Mongán agus gur shnaidhm sé ina chéile ina leagan nua-aimseartha iad. Do réir Annála Uladh *is i 625 a cailleadh Mongán.*

Baineadh an téax seo as Leabhar Fearmaighe, *lámhscríbhinn ón 15ú céad. Nua-Ghaeilge luath atá ann. Tháinig Dubhglas de hÍde ar leagan níos déanaí fós, atá curtha in eagar ó shoin ag an Ollamh Séamus Ó Duilearga* (Zeit. für Celt. Phil. *17, 347).*

114

GINIÚINT MHONGÁIN AGUS A GHRÁ DO DHUBH LOCHA

Uair amháin chuaigh Fiachna Fionn mac Baodáin mhic Muircheartaigh mhic Muireadhaigh mhic Eoghain mhic Néill as Éirinn amach, go dtáinig go Lochlainn. Is é ba rí Lochlann an t-am sin Eolgharg Mór mac Maghair, agus fuair Fiachna mia is grá is onóir uaidh. Ní fada a bhí sé ann nuair a ghabh galar rí Lochlann agus d'fhiafraigh sé dá lianna agus dá fhisicithe cad d'fhóirfeadh é. Dúradar leis nach raibh ar domhan éinní a d'fhóirfeadh é ach bó chluais-dearg ghlégeal is í a bheiriú dó. Sireadh an cine Lochlann i gcomhair na bó sin is fuarthas aon-bhó Chaillí Duibhe. Tairgeadh bó eile di dá cionn, ach d'eitigh an chailleach í. Tugadh ceithre cinn di—bó ar gach cois—agus sa mhargadh sin ní ghlacfadh sí le aon chor eile ach coraíocht Fiachna. Agus ba í sin an uair a tháinig teachtairí fána choinne, agus chuaigh sé leo gur ghabh ríghe Chúige Uladh is bhí bliain ina rí.

Lá amháin i gceann bliana chuala sé éamh i ndoras an dúnaidh agus d'fhoráil sé a fháil amach cé bhí ag déanamh na héimhe agus a ligint isteach. Is í bhí ann an chailleach Lochlannach ag iarraidh coraíochta. D'aithin Fiachna í is chuir sé fáilte roimpi is d'fhiafraigh scéal di. 'Tá scéala agam,' ar an chailleach. 'Rí

Lochlann a d'fheall orm fá na ceithre ba d'ainneoin do choraíochta.'
'Bhéarfadsa ceithre ba ar a son duit, a chailleach,' ar Fiachna. Ach
dúirt sise nach nglacfadh sí iad. 'Bhéarfad fiche bó ar a son,' ar
Fiachna. 'Ní ghlacfad,' ar an chailleach. 'Bhéarfad ceithre fichid
bó,' ar Fiachna, 'fiche bó ar son gach bó nár thug rí Lochlann.'
'Dar mo bhriathar,' ar sí, 'dá dtabharfá a bhfuil de bha i gCúige
Uladh dom, nach nglacfainn iad go dtiocfá féin a dhéanamh catha
ar rí Lochlann. Mar tháinig mise anoir chugatsa, tar tusa in aistear
liomsa.'

Bhailigh Fiachna maithe Uladh agus a bhfuair de mhaithe eile
go raibh deich gcatha cómóra aige agus fógradh cath uathu ar
Lochlainn. Bhíodar trí lá ag tiomsú chun an chatha. Cuireadh
comhrac ó rí Lochlann ar fhir Éireann agus thit trí chéad laoch le
Fiachna ann. Scaoileadh caoirigh nimhe as pubaill rí Lochlann
chucu agus thit trí chéad laoch leo gach lá ar feadh trí lá. Ba
doiligh le Fiachna é sin agus dúirt : 'Is trua an turas a thángamar
le go marófaí ár muintir leis na caoirigh. Óir dá mba i gcath nó
i gcomhlann a thitfidís le slua Lochlann, níorbh aiféala a dtitim,
mar go ndíolóidís iad féin. Tabhraigí,' ar sé. 'm'airm agus
m'earradh dom go dtéim féin sa chomhrac leis na caoirigh.' 'Ná
habair sin a rí,' ar siad, 'óir ní cuí duit dul ina gcomhrac.' 'Ar
m'anam,' ar Fiachna, 'nach dtitfidh níos mó d'fhir Éireann leo
go dtéimse sa chomhrac leo, agus más ann a cinneadh domsa bás
a fháil, gheobhad, mar ní féidir dul thar an chinniúint ; agus murab

116

ann, titfidh na caoirigh liom.'

Mar a bhí siad san agallamh sin chonaiceadar óglach mór míleata ionsorthu. Brat uaithne aon-datha uime agus dealg geal-airgid sa bhrat ar a bhruinne, is léine sróill lena gheal-chneas. Fleasc óir timpeall a fhoilt agus dhá as óir fána chosa. Labhair an t-óglach ansin :

'Caidé an luach a bhéarfá don té a dhiongbhódh na caoirigh díot ? '

'Ar mo choinsias, bhéarfainn a n-iarrfá dá mbeadh sé agam.'

'Beidh,' ar an t-óglach, ' agus inseod duit é.'

'Abair an bhreith,' ar Fiachna.

'Déarfad,' ar sé ; ' an fáinne óir sin fá do mhéir a thabhairt do chomhartha dom chun do bhainchéile in Éirinn le go luífinn léi.'

'Ar mo bhriathar,' ar Fiachna, ' ní ligfinn d'aon fhear in Éirinn titim ar son an chomha sin.'

'Ní miste duit é, óir ginfidh gin bhua uaimse ann agus is uaitse a ainmneofar, mar atá Mongán Fionn mac Fiachna Finn. Raghad i do riochtsa ann ionas nach loitfear onóir do mhná. Mar is mise Manannán mac Lir, agus gheobhaidh tú ríghe Lochlann is Saxan is Breatan uaim.'

Is ansin a thóg an t-óglach brodchú as a ucht a raibh slabhra uirthi, agus dúirt sé : ' Is cinnte nach mbéarfaidh aon chaora díobh a ceann léi uaithi seo fhaid le dúnadh rí Lochlann, agus maróidh sí trí chéad de shluaite Lochlann, agus gheobhaidh tusa a mbeidh dá bharr.' Chuaigh an t-óglach go hÉirinn i riocht Fhiachna féin gur tháinig sé agus bean Fhiachna le chéile, agus toirchíodh an oíche sin í. Thit na caoirigh leis an chú an lá sin agus trí chéad de mhaithe Lochlann, agus ghabh Fiachna ríghe Lochlann is Saxan is Breatan.

Dála na Caillí Duibhe, thug Fiachna a dúthaigh di, is é sin seacht gcaisleáin fána gcríoch is fána bhfearann agus céad de gach crodh. Ansin tháinig sé go hÉirinn agus fuair a bhean taobh-throm torrach is rug sí mac an uair tháinig a hionú. Bhí giolla ag Fiachna Fionn ar a dtugtaí an Damh agus rug a bhean siúd mac freisin an oíche sin, agus baisteadh an dá leanbh le chéile. Tugadh Mongán ar mhac Fhiachna agus Mac an Daimh ar mhac an ghiolla. Bhí óglach eile i gcomh-fhlaithiúnas le Fiachna Fionn, mar a bhí Fiachna Dubh mac Deamháin, a bhíodh ag cur isteach go mór ar a fhlaitheas. Rugadh iníon dósan an oíche chéanna agus tugadh Dubh Locha d'ainm uirthi agus cuireadh ar seilbh a chéile í féin agus Mongán. I gceann trí oíche tháinig Manannán ar cheann Mhongáin agus rug leis é lena oiliúint i dTír Tairngire, agus thug sé a mhóid nach ligfeadh sé in Éirinn arís é go ceann a dhá bhliain déag.

Dála Fhiachna Dhuibh mhic Dheamháin, fuair sé a bhaol ar Fhiachna Fionn agus nuair a fuair in uatha slua is sochraide é thug ionsaí ar a dhún. Loisc sé agus mhúir sé an dún agus mharaigh Fiachna féin agus ghabh ríghe Uladh ar éigin. B'áil leis na

GINIÚINT MHONGÁIN AGUS A GHRÁ DO DHUBH LOCHA

hUltaigh uilig go dtabharfaí Mongán ar ais chucu i gceann a shé bhliain, ach ní thabharfadh Manannán dóibh é go ceann a shé bhliain déag. Tháinig sé go Cúige Uladh ansin agus rinne maithe Uladh síocháin le Fiachna Dubh ar an choinníoll go dtabharfaí leath Uladh do Mhongán agus Dubh Locha do mhnaoi is do bhainchéile dó in éiric a athar, agus sin mar a bhí.

Lá amháin le linn do Mhongán agus a bhean bheith ag imirt fichille chonaic siad cléirchín ciar cíordhubh ag ursainn an dorais agus is é dúirt sé : ' Ní suaimhneas cuí do rí Uladh an suaimhneas seo tá ort, a Mhongáin, gan dul a dhíolt d'athar ar Fhiachna Dubh, bíodh gurb olc le Dubh Locha a lua leat, óir tá Fiachna Dubh in uatha slua. Ach tar liomsa ann go loiscimid an dún agus go maraímid Fiachna.' ' Ní fios cad é an toradh a bheadh leis an chomhairle sin, a chléirchín,' ar Mongán, ' ach raghaimid leat.' Nítear amhlaidh agus maraítear Fiachna Dubh leo agus gabhann Mongán ríghe Uladh. Is é an cléirchín a thug an scéala Manannán mór-chumhachtach féin.

Thiomsaigh Mongán maithe Uladh ansin agus dúirt leo : ' B'áil liom dul ag cur iarratais ar ríthe cúige na hÉireann, go bhfaighinn ór is airgead is ionmhas le tíolacadh.' ' Is maith an chomhairle sin,' ar siad. Tháinig sé roimhe i dtús báire go Laighin, agus is é ba rí Laighean an t-am sin Brandubh mac Eachach. D'fhear sé fíorchaoin fáilte roimh rí Uladh agus chodlaíodar an oíche sin sa bhaile. Nuair a d'éirigh Mongán arna bhárach chonaic sé an

caoga bó fhionn chluais-dearg agus lao fionn le cois gach bó díobh.
Chomh luath is chonaic sé iad ghráigh sé iad. D'aithin rí Laighean
air é agus dúirt leis, 'Ghráigh tú na ba, a rí.' 'Ar m'anam nach
bhfacas riamh, ach ríghe Uladh féin, ní ab fhearr liom agam féin
ná iad.' 'Dearbhaím,' ar rí Laighean, 'gur cothrom le Dubh Locha
iad, mar is í an bhean is áille in Éirinn í, ach níl ar domhan comha
ar a dtabharfainnse iad ach ar chairdeas gan éaradh a dhéanamh
idir tusa agus mise.'

Rinne siad amhlaidh agus chuir siad ceangal ar a chéile. Chuaigh
Mongán abhaile agus thug leis dhá chaoga bó fhionn. D'fhiafraigh
Dubh Locha de, 'Cad as don tsealbh chruidh is áille dá bhfaca mé
riamh? An té a thug iad siúd, iarrfaidh sé rud níos fearr, óir ní
thug éinne a leithéidí ach ar ceann comaoine.' D'inis Mongán di
ansin conas a fuair sé na ba. Ní fada a bhí siad ann áfach nuair
a chonaic siad na sluaite chun an bhaile. Rí Laighean a bhí ann.
'Caidé tháinig tú a iarraidh?' ar Mongán, 'óir geallaim duit,
má tá i gCúige Uladh an ní atá tú a iarraidh, gheobhaidh tú é.'
'Is amhlaidh atá,' ar rí Laighean, 'gur ag iarraidh Dubh Locha a
tháinig mé.'

Tháinig tost ar Mhongán. Ansin dúirt sé, 'Níor chualas riamh
go dtug fear romhamsa a bhean amach.' 'Bíodh féin nár chualais,'
ar Dubh Locha, 'tabhair, mar is buaine bladh ná saol.' Chuir sin
fearg ar Mhongán agus cheadaigh sé do rí Laighean í a thabhairt
leis. Ghlaoigh Dubh Locha i leataoibh ar Bhrandubh agus dúirt

GINIÚINT MHONGÁIN AGUS A GHRÁ DO DHUBH LOCHA

leis, 'An bhfuil fhios agat, a rí Laighean, go dtitfeadh fir agus leath Uladh ar mo shonsa, mura mbeinn féin i ndiaidh grá a thabhairt duit ? Ach geallaim nach raghad leat go dtí go dtugann tú breith mo bhéil féin dom.' 'Cad é an bhreith ?' ar Brandubh. 'Do bhriathar lena comhlíonadh,' ar sí. Thug rí Laighean a bhriathar di. 'Más ea,' ar Dubh Locha, 'is mian liomsa nach mbeimis aon oíche go ceann bliana in aon-teach agus dá dtiocfá ar cuairt lae in aon-teach liom, gan teacht in aon-chathaoir liom, ach suí i gcathaoir os mo chomhair, mar is eagal liom an grá ró-mhór a thug mé duitse ar fhaitíos go dtabharfá mioscais dom agus nárbh áil le m'fhear féin arís mé, ach má bhímid ag suirí ar feadh na bliana seo atá chugainn, ní raghaidh ár ngrá ar gcúl.'

Thug Brandubh an comha sin di agus rug abhaile leis í. Bhí sí tamall ann agus Mongán i seirg síor-ghalair lena linn. Tharla, an uair a ghlac Mongán Dubh Locha chuige, gur ghlac Mac an Daimh a comhalta, agus anois ba bhean dílis friothálaimh do Dhubh Locha í agus bhí sí imithe go Cúige Laighean léi. Is mar sin a tháinig Mac an Daimh lá amháin sa teach a raibh Mongán agus dúirt, 'Olc atá tú ansin, a Mhongáin, agus olc do thuras i dTír Tairngire go teach Mhanannáin nuair nach ndearna tú d'fhoghlaim ann ach bia a chaitheamh agus amhlóireacht a chleachtadh. Is dona domsa gur rugadh mo bhean i gCúige Laighean uaim, tharla nach ndearna mise cairdeas gan éaradh le giolla rí Laighean mar rinne tusa leis an rí féin, agus nach bhfuil ar do chumas do bhean a leanúint.' ' Ní measa le éinne é sin ná liom féin,' ar Mongán.

Ansin labhair Mongán le Mac an Daimh arís, ' Gabh go dtí an uaimh dhorais inar fhágamar an cliabh gualann agus fód as Éirinn agus fód as Albain ann, le go raghaidh mise ar do dhroim, óir fiafróidh Brandubh mo scéal dá dhraoithe, agus déarfaidh siadsan go bhfuil cos in Éirinn agus cos in Albain agam, agus ceapfaidh seisean an fhaid atá mé mar sin nach eagal dó mé.'

Ghluaiseadar rompu mar sin. Ba é sin an uair a comóradh aonach Mhagh Life i Laighin agus nuair a thángadar go Machaire Chill Chamháin chonaiceadar na sluaite ann agus rí Laighean ag dul thart san aonach. ' Trua sin, a Mhic an Daimh,' ar Mongán, ' is olc an turas a thángamar.' Agus chonaic siad an naomh-chléireach, Tiobraide sagart Chill Chamháin, ag dul thart agus a cheithre soiscéil ina láimh aige agus cléireach eile lena chois. Bhí an bheirt acu ag déanamh a dtráth. Ghabh iontas Mac an Daimh caidé an chaint a rinne an cléireach agus bhí sé ag fiafraí de Mhongán, ' Caidé tá sé a rá ? ' Dúirt Mongán gur léann é sin agus d'fhiafraigh de Mhac an Daimh ar thuig sé aon bheagán uathu. ' Ní thuigim,' ar Mac an Daimh, ' ach go n-abrann an fear atá ina dhiaidh " Amén, Amén." '

Dhealbhaigh Mongán ansin abhainn mhór trí lár an mhachaire os comhair Thiobraide agus droichead mór thairsti. B'ionadh le Tiobraide é sin agus thosaigh sé á choisreacadh féin. ' Is anseo a rugadh m'athair is mo shean-athair agus ní fhacas riamh abhainn

ann, ach ó tharla ann í, is maith mar tharla an droichead thairsti.'
Nuair a tháinig siad go lár an droichid, ámh, thit sé fúthu. Sciob
Mongán an soiscéal as láimh Thiobraide agus lig uaidh le sruth an
bheirt acu. D'fhiafraigh sé de Mhac an Daimh an mbáithfeadh sé
iad. ' Báith cinnte,' ar an giolla. ' Ní dhéanfaimid sin,' ar Mongán,
' ach ligfimid faid mhíle le sruth iad go dtéann againn ár ngnó a
dhéanamh sa dún.'

Dhealbhaigh Mongán é féin i riocht Tiobraide agus chuir Mac
an Daimh i riocht an chléirigh agus corann mhór ina cheann.
Ansin tháinig siad ar aghaidh go dtí Brandubh. Chuir seisean fáilte
roimh Thiobraide agus thug póg dó. ' Is fada nach bhfacamar thú,
a Thiobraide,' ar sé, ' agus anois léigh soiscéal dúinn agus téigh
romhainn go dtí an dún. Téadh Ceibhín Cochlach, mo ghiolla
carbaid, leat. Tá an ríon, bean rí Uladh, ann agus ba mhaith léi
a faoistin a dhéanamh duit.' Agus an fhaid a bhí Mongán ag rá a
shoiscéil deireadh Mac an Daimh ' Amén, Amén.' Dúirt an slua
nach bhfacadar riamh sagart nach mbeadh ach focal amháin aige
ach an cléireach úd, mar nach n-abradh sé de léann ach ' Amén.'

Tháinig Mongán ansin go doras an dúin a raibh Dubh Locha
agus d'aithin sise é. Labhair Mac an Daimh. ' Fágaigí uilig an
teach go ndéana an ríon a faoistin.' Bhí an bhean chabhartha ag
iarraidh fanacht, ach d'iaigh Mac an Daimh a lámha thart uirthi
agus chuir amach í, ag rá nach mbeadh i bhfarradh na ríona ach
an bhean a tháinig léi. Dhún sé an grianán ina ndiaidh agus chuir

an chomhla ghloiní leis agus d'fhoscail an fhuinneog ghloine agus thóg a bhean féin isteach sa leaba leis. Ní túisce ná rug Mongán Dubh Locha leis agus shuigh lena gualainn. Thug sé trí phóg di agus thóg leis sa leaba í agus rinne toil a mheanman agus a aigne léi. Agus ina dhiaidh sin labhair cailleach choimeádta na séad a bhí sa chúinne, ach nár airigh siad ann go dtí sin. Lig Mongán luath-anáil draíochta fúithi ar chaoi nár léir di éinní dá bhfaca sí roimhe. 'Trua sin,' ar an chailleach, 'ná bain neamh díom, a naomh-chléirigh, mar is éagóir an smaoineamh a rinneas. Glac aithrí uaim, mar is taibhse bhréige chonaiceas, agus ró-ghrá mo dhalta agam.' 'Gabh i leith, a chailleach, agus déan d'fhaoistin dom.' D'éirigh an chailleach agus chuir Mongán bior sa chathaoir agus thit sise ar an bhior go bhfuair bás. 'Beannacht ort, a Mhongáin,' ar an ríon, 'is maith gur mharaíomar an chailleach, óir d'inseodh sí sinn bheith mar a bhíomar.'

Ina dhiaidh sin chualadar an doras á bhualadh. Tiobraide a bhí ann agus trí naonúir leis. 'Ní fhacamar riamh,' ar na doirseoirí, 'bliain ba lia Tiobraide ná an bhliain seo. Tiobraide istigh agaibh agus Tiobraide amuigh.' 'Is fíor sin,' ar Mongán, 'is é Mongán a tháinig i mo riochtsa. Amach libh agus bhéarfaidh mé loghadh díbh ach na cléirigh úd a mharú, óir is aos grá Mhongáin iad curtha i riochta cléireach.' Chuaigh an teaghlach amach a mharú na gcléireach agus thit dhá naonúr acu leo. Tharla rí Laighean dóibh agus d'fhiafraigh caidé bhí ar siúl acu. 'Mongán,' ar siad, 'atá i

ndiaidh theacht i riocht Tiobraide agus tá Tiobraide sa bhaile.'
Thug an rí fúthu agus bhain Tiobraide Teampall Chill Chamháin
amach agus ní dheachaigh éinne den naonúr eile gan ghortú.
Tháinig Brandubh abhaile agus d'imigh Mongán ina dhiaidh sin,
agus d'fhiafraigh an rí, ' Cá áit a bhfuil Tiobraide ? ' ' Ní hé
Tiobraide a bhí ann,' ar an iníon, ' ach Mongán, óir chloisfeá ar
aon nós é.' ' An raibh tusa ag Mongán, a iníon,' ar sé. ' Bhíos,
ar sí, ' mar is eisean is fearr ceart orm.' ' Cuirtear fios uainn ar
Thiobraide ! ' ar Brandubh, ' óir is olc gur tharla dúinn a mhuintir
a mharú.' Tugadh Tiobraide chucu ansin. Maidir le Mongán
d'imigh sé abhaile agus bhí go ceann ráithe gan teacht arís agus bhí
i seirg ghalair ar feadh an ama sin.

Sa deireadh tháinig Mac an Daimh chuige agus dúirt leis, ' Is
fada domsa,' ar sé, ' mo bhean bheith im éagmais trí amhlóir mar
thusa, nuair nach ndearna mise cairdeas gan éaradh le hóglach rí
Laighean.' ' Téigh ar mo shonsa,' ar Mongán, ' ar lorg scéal go
dtí Ráith Deiscirt Bhreá mar a bhfuil Dubh Locha Láimhgheal, óir
ní insiúil mise.' Is é dúirt Dubh Locha ansin, ' Taradh Mongán
chugam. Tá rí Laighean ar saorchuairt Laighean agus bíonn
Ceibhín Cochlach, giolla carbaid an rí atá im fharradh, ag rá
liom éaló a dhéanamh is go dtiocfadh sé féin liom, ach is cloíte a
ndéanann Mongán,' ar sí. Chuaigh Mac an Daimh ansin a ghríosadh
Mhongáin.

Ina dhiaidh sin ghluais Mongán roimhe go Ráith Deiscirt Bhreá

125

agus shuigh le gualainn na hiníne. Tugadh fichill órtha chucu agus thosnaíodar ag imirt. Nocht Dubh Locha a cíocha do Mhongán agus nuair a dhearc sé orthu, chonaic sé na cíocha móra maoth-gheala agus an meán seang solas-gheal agus tháinig áilíos na hiníne air agus d'airigh Dubh Locha sin. Ba díreach ansin a tháinig Brandubh gona shluaite i ngar don dún. Osclaíodh an dún agus d'fhiafraigh an rí den iníon arbh é Mongán a bhí istigh. Dúirt sí gurbh é. ' B'áil liomsa achainí a fháil uait,' ar seisean ansin. ' Gheobhair í. In éagmais tú bheith agam go ceann bliana, níl agam achainí a iarrfas tú nach dtabharfad duit.' ' Más ea,' arsa an rí, ' dá mbeadh mian chun Mongáin ort, é sin a inse dom, óir an uair a ghluaiseann Mongán beidh a mhian ort.'

I gceann ráithe tháinig Mongán agus bhí mian aici siúd air. Bhí sluaite an bhaile uilig ann an tráth sin. I gceann scathaimh tháinig sluaite an bhaile amach agus thiontaigh Mongán ón dún agus tháinig abhaile. Mhair sé an ráithe sin i seirg síor-ghalair. Fá dheireadh thiomsaigh maithe Uladh in aon-ionad agus thairg do Mhongán teacht leis a thabhairt chatha ar son a mhná. ' Dar mo bhriathar,' ar Mongán, ' an bhean a rugadh uaimse trí mo ainghliceas féin, ní thitfidh mac mná ná fear d'Ultaigh á tabhairt amach, nó go dtugaim féin liom trí mo ghliceas í.'

D'imigh an bhliain mar sin agus ghluais Mongán agus Mac an Daimh rompu go teach rí Laighean. Is ansin a bhí maithe Laighean ag teacht sa bhaile agus fleadh mhór á hullmhú fá chomhair feise

GINIÚINT MHONGÁIN AGUS A GHRÁ DO DHUBH LOCHA

Dhubh Locha. Gheall Mongán go mbéarfadh sé leis í agus tháinig
siad go dtí an fhaiche taobh amuigh den dún. ' A Mhongáin,' ar
Mac an Daimh, ' caidé an riocht a raghaimid ? ' Agus mar a
bhíodar ann chonaiceadar Cuimhne, cailleach an mhuilinn. Bhí
airde garman inti agus bhí mada mór a raibh Brothar mar ainm
air ar nasc aici is sealán fána bhráid agus é ag lí chloch an mhuilinn.
Chonaiceadar fosta gearrán bán-mhairceach agus sean-srathar air
a bhí ag tarraingt arbhair agus mine ón mhuileann.

Nuair a chonaic Mongán iad labhair sé le Mac an Daimh : ' Tá
agam an riocht ina raghaimid,' ar sé, ' agus má tá i ndán dom mo
bhean a fháil gheobhad don chor seo í.' ' Sin mar is cóir duit,
a dhea-fhlaith.' ' Imigh leat, a Mhic an Daimh, agus gairm Cuimhne
an mhuilinn amach chun cainte liom.' ' Tá trí fichid blian ann,' ar
sise, ' ó d'iarr éinne chun cainte mé,' agus tháinig sí amach is lean
an mada í. Nuair a chonaic Mongán chuige iad, mhaígh a ghean
gáire air agus dúirt sé léi, ' Dá ndéanfá mo chomhairle, chuirfinn
i riocht chailín óig thú agus bheifeá i do bhean agam féin nó ag
rí Laighean.' ' Déanfad go deimhin,' ar Cuimhne. I bhfaiteadh na
súl thug sé buille den tslat draíochta don mhada go ndearna measán
mín-gheal ar áilleacht an domhain de is slabhra airgid fána bhráid
a raibh cloigín óir air. Bheadh a sháith fairsinge aige ar bhois
duine. Ansin thug sé buille don chailleach go ndearna di an ainnir
óg ab fhearr dealbh is déanamh d'iníona na beatha, mar a bhí
Ibheall Grua-Sholas, iníon rí Mhumhan. Chuaigh sé féin i riocht

Aodha, mac rí Chonnacht, agus chuir Mac an Daimh i riocht a ghiolla. Ansin chruthaigh sé falaire glégeal is folt corcra uirthi agus rinne diallait órtha fá ilbhreaca óir is liag luachmhar den tsrathar. Chuireadar freisin dhá chapall eile fúthu, agus sin mar a tháinig siad chun an dúin.

Bhreathnaigh na doirseoirí agus dúirt le Brandubh gurbh é Aodh Álainn mac rí Chonnacht é is a ghiolla is a bhean, Ibheall Grua-Sholas, ar ionnarba as Connachta, agus ó tharla gur ar choimirce rí Laighean a thángadar nárbh áil leis teacht le slua ná sochraide ní ba mhó. Rinne an doirseoir an fógradh agus tháinig an rí ina choinne agus chuir fáilte roimhe. Ghairm sé mac rí Chonnacht ar a ghualainn. 'Ní hé sin is béas dúinn,' ar seisean, 'ach go suíonn os comhair rí an dara duine is fearr sa bhruíon, agus is mise id éagmais-se an dara duine is fearr istigh agus is os comhair an rí a bheidh mé.'

hEagradh an teach óil agus chuir Mongán briocht seirce i ngrua na caillí agus d'fhéachaint dá dtug rí Laighean uirthi líon searc agus grá di é ar chaoi nach raibh méid orlaigh de chnámh ann nárbh lán seirce don chailleach. Ghairm sé giolla friothálaimh chuige agus dúirt leis, 'Téigh mar a bhfuil bean mhic rí Chonnacht agus abair léi go dtug rí Laighean searc agus grá mór di, agus gur fearr i gcónaí rí ná rídhamhna.' Thuig Mongán an cogar agus dúirt sé le Cuimhne, 'Siúd giolla ó Bhrandubh le teachtaireacht chugat agus aithním an cogar a bheir sé agus dá ndéanfá mo chomhairle ní bheifeá ag fear ba mheasa ná mise nó rí Laighean.' 'Is mar a chéile liom é cibé fear agaibh bheas agam.' 'Más ea,' ar Mongán, 'nuair a thiocfaidh sé chugat abair thusa go n-aithneofá ar a shéada is ar a mhaoine an té a bhéarfadh grá duit agus ansin iarr an corn a bheir sé chugat.'

Tháinig óglach rí Laighean chun cainte léi, ag rá : 'Seo corn uasal a tugadh chugat.' 'D'aithneoimis ar a shéada agus ar a mhaoine an té a bhéarfadh grá dúinn,' arsa an chailleach. Nuair a dúirt Brandubh ansin leis an ghiolla, 'Tabhair mo chorn di,' thosaigh a theaghlach a rá, 'Ná tabhair do shéada do bhean mhic rí Chonnacht.' 'Bhéarfad,' ar seisean leo, ' óir tiocfaidh an bhean agus mo shéada chugam.' Agus thóg Mac an Daimh uaithi an corn agus gach a bhfuair sí de shéada go maidin.

Dúirt Mongán ansin le Cuimhne, 'Iarr a chrios ar rí Laighean,' óir is amhlaidh a bhí an crios nach ngabhfadh galar ná tinneas an corp a chaithfeadh é. D'iarr sí an crios agus ní luaithe a thug Brandubh di é ná thóg Mac an Daimh uaithi é. 'Agus abair anois le rí Laighean, dá dtugadh sé an domhan duit nach dtréigfeá d'fhear féin air.' D'inis an giolla an méid sin do Bhrandubh agus dúirt seisean, 'Cad air a bhfuil bhur n-aire ? Is aithnid díbh an bhean seo ar mo ghualainn, mar atá Dubh Locha Láimhgheal iníon Fhiachna Dhuibh mhic Dheamháin. Rugas ar chairdeas gan éaradh ó Mhongán í agus dá mb'áil leatsa dhéanfainn malartú leat.' Ghlac fearg is loinneas mór Mongán agus dúirt sé, 'Dá dtugainn eich agus graí

129

liom b'é do cheart iad a iarraidh orm, ach gan seo a iarraidh. Bíodh sin mar atá, áfach, níl sé dleathach diúltú do thiarna, agus cé gur leisc liom é, glac chugat í.' Le linn an mhalartú thug Mongán trí phóg don chailín agus dúirt, 'Déarfaidís cách nach ó chroí a rinneamar an malartú mura dtugainn na póga seo.' Ansin ligeadar leo féin, go raibh siad meisciúil meadhar-chaoin.

Sa deireadh d'éirigh Mac an Daimh is dúirt, 'Is mór an náire gan éinne ann a bhéarfadh deoch i láimh mhic rí Chonnacht,' agus nuair nár fhreagair duine ar bith é ghabh sé an dá each ab fhearr sa dún agus chuir Mongán luas na gaoithe iontu. Chuaigh Dubh Locha ar chúlaibh Mhongáin is a bhean féin ar chúlaibh Mhic an Daimh agus ghluaiseadar leo.

An lá arna bhárach nuair a d'éirigh teaghlach rí Laighean, chonaiceadar bratach na caillí agus an chailleach liath ar leaba rí Laighean, agus freisin an mada fána shealán agus an gearrán bánmhairceach agus an tsrathar. Thosaigh siad ag gáire agus mhuscail Brandubh. Nuair a chonaic sé an chailleach lena thaoibh chuir sé ceist uirthi, 'An tú Cuimhne an mhuilinn?' 'Is mé,' ar sí. 'Nach trua mar tharla dom luí leatsa, a Chuimhne.'

MAC DÁ CHEARDA
AGUS COIMÍN FADA

Níl mórán tábhachta sa scéal seo ach amháin gur sainshampla é de thréith a gheibhtear go síoraí sa tsean-litríocht dhúchais, an modh aisteach a léirítear an duine céanna agus tréithe ag roinnt leis atá contrártha dá chéile. Gheofaí mórchuid samplaí a lua : Fionn Mac Cumhaill, cuir i gcás, is duine uasal onórach oinigh é ar uairibh, ar uairibh eile is duine gangaideach calaoiseach droch-rúnach é. Ar an dul céanna atá Guaire ár scéilne. San iliomad scéalta atá againn ina thaobh is duine cráifeach fial é de ghnáth a bhíonn de shíor ag riar ar an chléir agus ar bhochta Dé. Sa scéal seo, ámh, is ar a mhalairt de chuma samhlaítear dúinn é. Na caractaeirí sa tsean-litríocht Ghaeilge níl aontas tréithiúlachta ag baint leo : is geall le beirt ar leith gach duine dhíobh, go fiú na naoimh féin, agus níl fhios agat cé acu duine dhíobh a bhuailfidh umat i scéal ar bith acu.

Tá ionad dá chuid féin ag Coimín Fada i scéalaíocht na naomh. In Acta Sanctorum *Cholgan deirtear gur de Eoghanacht Locha Léin i gCiarraí é agus go raibh sé ina easpag i ndeireadh a shaoil i gCluain Fearta. Do réir* Annála Ríochta Éireann *fuair sé bás sa bhliain 661.*

Ní holc mar shampla an scéal seo de nós inste grinn na sean-litríochta : greann leath-ráite a bhfuil a bhuaidh sa ghontacht.

Tá an bunscéal Meán-Ghaeilge le fáil in Ériu *III, 26-32, mar a bhfuil sé curtha in eagar ag J. G. O'Keeffe as* Leabhar Buí Leacáin. *Tá aistriúchán i nGaeilge an lae inniu le fáil air ag an Ollamh Cormac Ó Cadhlaigh i gcnuasach scéalta fá Ghuaire,* Guaire an Oinigh, *113-7.*

132

MAC DÁ CHEARDA AGUS COIMÍN FADA

Mac Telene ón Mhumhain, príomh-údar mioscaise na hÉireann, d'adhain iomarbháigh uair i dteach Ghuaire Aidhne mar a raibh Guaire á mhóradh ag a mhuintir, é féin agus a aos dána, idir bhantracht, filí, laochra, draoithe agus óinmhidí.

' Tá againne,' arsa Mac Telene, ' daoine is fearr ná iad ; tá curadh na hÉireann againn, Coimín Fada mac Fiachna ; tá easpag againn, Moronog, agus is é príomhfhile na hÉireann é.'

Gabhadh le Guaire ansin é nó go dtiocfadh Coimín Fada, Moronog agus Mac Dá Chearda á fhuascailt. Bliain lán dó ann agus níor féadadh a chur ar Choimín dul fána choinne. I gceann na bliana, ámh, tháinig sé aneas. Bhí céad macaomh ar fhaiche Dhurlais ag imirt liathróide ar theacht dóibh. Léim Mac Dá Chearda eatarthu go raibh sé féin i gcoimheascar na liathróide leo. Ag dul isteach sa teach do Mhoronog bhain sé a gcamáin díobh.

Chuir Guaire ubh chirce i gcathaoir Choimín agus cuisín á clúdach ionas go mbrisfeadh sé í agus go mbéarfadh Guaire amuigh ansin air faoi gan bheith ina laoch dá mbriseadh sé an ubh. Shuigh an cléireach sa chathaoir tar éis beannú do Ghuaire dhó.

Chuir Moronog cinn an chaoga camán le comhla an dorais. Ag

dul isteach dó ghreamaigh a bhróg sa chomhla, baineadh tuisle as gur sháigh sé an chomhla agus gur dhruid é i gcaoi gur thit a gcinn den chaoga camán agus go raibh a lorga maola uile ar urlár an tí. Gháir siad ar fad uime sin.

'Tair i leith, a chléirigh, ar an choilceach anseo,' arsa Guaire le Coimín Fada. 'Ní laoch tú, ámh, má bhris tú an ubh a fágadh sa chathaoir trí dhearmad.'

'Ní fheadramar,' arsa Coimín, 'gur in bhur gcathaoireacha a bhéaradh na cearca agaibh. Tá bhur n-ubh anseo agus níor briseadh í.'

Nuair chonaic Moronog Coimín ar an choilceach chuaigh sé anonn chuige agus a bhróga lán múirín. Gháir na giollaí uime sin.

'Is dócha gur mar sin a shuíonn sé de ghnáth, le taobh an chléirigh,' arsa Guaire.

'Is ea, go deimhin,' arsa Coimín.

'An t-easpag sin,' arsa Mac Telene, 'sin é agaibh bhur n-óinmhid.'

'Iompar óinmhide atá faoi, gan amhras,' arsa Guaire. 'Téitear do ghairm Mhac Dá Chearda,' ar seisean.

Is ansin adúirt Mac Dá Chearda :

> Ní fheadar cad é an mhaith
> mé dhul i dteach an Fhlaithe ;
> níl agam ní is fiú a rá,
> ní labhraim, ní labhartar liom.

'Ard-fhile na hÉireann adúirt é sin, gan amhras,' arsa Guaire, 'ach is óinmhid é ar a shon sin,' ar sé.

'Is cóir an t-óinmhid a ligint isteach,' arsa cách.

'Eisean atá i bhfeighil mo ghearráinse,' arsa Coimín.

'Goidtear uaidh é go bhfeice sibh cé mar lorgaíonn sé é.'

'Goideadh do ghearrán,' arsa cách le Mac Dá Chearda.

'Gheofar é,' ar seisean.

D'imigh sé ar a lorg ansin go dtí an áit ar fhág sé é gidh gur tugadh an gearrán idir dhá linn i measc graíthe each na hÉireann.

'Tá an gearrán anseo,' arsa cách.

'Má tá sé ansin tá a lorg anseo,' arsa Mac Dá Chearda.

'Bíodh go bhfeicfeadh sé an gearrán,' arsa Coimín Fada, 'ní scorfadh sé dá lorg nó go sroichfeadh sé a thón.'

'Mar olc orainn a dhéanann sé amhlaidh,' arsa Guaire.

'Abair leis,' arsa Coimín, 'imeacht fá choinne beart connaidh chun folcadh a dhéanamh domsa. Beirtear unga óir leatsa agus fágtar sa tslí roimhe é. Is óinmhid é mura dtaisceann sé é, má thaisceann ní óinmhid.'

Déantar amhlaidh.

'Tá ór anseo, a Mhac Dá Chearda,' arsa a chompánach.

'Éist, a bhachlaigh,' ar seisean, 'd'iarraidh chonnaidh a thángamar. Nuair raghaimid d'iarraidh óir bhéarfaimid linn é.'

'Óinmhid adúirt sin, go deimhin,' arsa Guaire.

'Deirtear gur laoch tú,' ar seisean le Coimín. 'An imreoidh

muid ficheall, a chléirigh ? ' ar seisean.

' Ní dhearnas riamh é,' arsa Coimín. ' Múin dom é, ámh, agus imreod.'

' Is deacair a fhoghlaim,' arsa Guaire.

' D'fhoghlaimíos ceacht ba dheacra liom ná é,' arsa Coimín.

' Gabh ceacht féachaint an dtuigfeadh mo fhile, Seanchán, tú,' arsa Guaire leis.

' Bíodh mar sin,' arsa Coimín.

Ghabh sé dhá cheacht dhéag as an Soiscéal.

' Is doiligh an chantaireacht é,' arsa Seanchán, ' gabh arís é.' Ghabh.

' Is doiléir brí na cantaireachta,' arsa Seanchán, ' gabh an tríú uair é.'

D'aithris Seanchán ansin láithreach é.

' Gabh duan, a Sheancháin,' arsa Guaire, 'féachaint an dtuigfeadh Coimín é.'

Ghabh Seanchán duan molta Ghuaire.

Ghabh Coimín láithreach ina dhiaidh é.

' Chuala tú roimhe seo é, a Choimín,' arsa Guaire.

' Dar mo chubhais, níor chuala,' arsa Coimín.

Ghabh Seanchán trí duanta. D'aithris Coimín na trí cinn ina dhiaidh.

' Maith,' arsa Guaire, ' imrímis ficheall.'

' Conas a gointear na fir ? ' arsa Coimín.

'Ní deacair é : dís dubh agamsa ar an aon-líne timpeall ag seasamh an ionsaí thall,' arsa Guaire.

'Dar mo chubhais, go deimhin,' arsa Coimín, 'ní maith liom go ndéanfaí ceachtar acu—ní ghoinfeadsa do mhuintirse ná ní ghoinfidh tusa mo chuidse.'

Lá iomlán do Ghuaire dá ionsaí agus níor mharaigh duine dá mhuintir.

'Is curata an gníomh sin, a chléirigh,' arsa Guaire.

Fuasclaíodh ansin Mac Telene.

'Fanaigí linn, a chléireacha,' arsa Guaire.

'Ní fhanfaimid,' arsa Coimín.

Chuir Moronog a bhróga uime ar an choilceach, iall na bróige trí fhabhra na seiche bhí ar an choilceach agus as sin tríd an bhróig. Thug céim ansin anuas den choilceach go dtug sé an tseiche agus an coilceach ina dhiaidh nó go raibh Coimín agus Guaire caite ar tharr a chéile ar urlár an tí, gur ar éigin a teasargadh ar an tine iad.

D'fhágadar slán ansin ag an rí agus chuadar dá dtír féin agus a n-oineach leo.

CATHRÉIM CHEALLAIGH

Tharla coinfliocht mór agus cogadh fíoch-
mhar idir Eoghan agus Clanna Néill

Ní hiad beathaí na naomh an chuid is fearr de litríocht na Gaeilge. Is gnáthach iad ina meascán tur de dhé-scéalaíocht agus d'áibhéil a fuineadh le chéile d'aonghnó chun na naoimh a mhóradh. Is ceart cuimhniú, áfach, nach sa chaoi a fuaireamar iad a scríobhadh formhór na scéalta—cuireadh leo agus baineadh díobh san idirlinn.

Tá Cathréim Cheallaigh *molta ag scoláirí agus fir liteartha araon. Tá daonnacht agus simplíocht ann, agus sriantacht nach bhfuil ró-choitianta i litríocht dhéanach na naomh. Tá an stíl soiléir, éifeachtach, cé go bhfuil easpa dhatha air i gcomparáid le roinnt eile den litríocht.*

*Is cosúil, dar leis an Ollamh Caitlín Ní Mhaolchróin, gurbh ionann an Ceallach seo againne agus Cellán Ó Fiachrach atá luaite i bh*Féilire Thamhlachta *(9ú aois) faoi Lá Bealtaine. Níl aon tuairisc ar Cheallach sna hannála ná sna ginealaigh, ionas go raibh amhras ann ar mhair a leithéid de dhuine riamh. Ar aon nós is léir nach stair atá againn anseo ach rómánsaíocht ar an stair, mar d'éag Eoghan Béal, athair Cheallaigh do réir an scéil, i 543 agus d'éag Guaire i 663. Ní tugtar an gnáth-phictiúir de Ghuaire mar rí na féile agus an oinigh, ach fágtar ina rógaire cruthanta é.*

Tá an t-eagrán is nua agus is iomláine déanta ag an Ollamh Ní Mhaolchróin. Ceapann sí, agus an tAthair Grosjean (Anal. Boll. 52, 422)*, go raibh na dánta ann ar dtús agus gur cumadh an prós thart orthu—ag an scríbhneoir céanna dar léise, ag scríbhneoir eile dar leisean. Timpeall 1200 a rinneadh an scéal. Gheofar achoimre ar bhás Cheallaigh ag Céitinn,* Foras Feasa *III, 53.*

CATHRÉIM CHEALLAIGH

Rí OIREARC ághmhar uasal a ghabh ard-ríghe Chúige Chonnacht, Eoghan Béal mac Ceallaigh mhic Oilealla Moilt mhic Daithí mhic Fiachrach. D'airgeadh sé gach cúige in Éirinn agus philleadh go buach agus a chreach leis ; agus ní bheirtí creach uaidh as a chúige féin, óir bheireadh sé maidhm ar gach creach a mbeireadh sé uirthi ina chríoch féin, agus an uair nach mbeireadh uirthi nítí creach leis-sean an lá sin ar an tír a dtabharfaí a chuid féin inti. Cibé scéal é, ba riarach dó Muimhnigh agus Laighnigh, agus nídís a thoil i gcónaí i ndiaidh gur rugadh a n-eallach go minic uathu dá n-ainneoin.

Ach tharla coinfhliocht mór agus cogadh fíochmhar idir Eoghan agus Clanna Néill ar chaoi go raibh an dá chúige, Cúige Chonnacht agus Cúige Uladh, i gcionn a chéile. Níorbh ionann a ndálta, áfach, óir níor briseadh cath ar Eoghan Béal riamh agus níor baineadh a chreach dá ainneoin de, agus níl uimhir chinnte ar a mhinicí a nítí creacha leis ar Chonall agus ar Eoghan agus ar Oirialla, óir ní dhéanadh sé aon lá síochána an fhaid a bhí beo, ach a gcreachadh gach mí agus gach ráithe agus a gcur faoi ghion gae agus claidhimh. Ba chreach agus ba nimh le Clanna

Néill bheith ag fulang gach anbhorráin dá n-imríodh Eoghan agus Clanna Fiachra agus Connachta chomh maith orthu. Is í an chomhairle a rinne siad tionól mór agus creachshlua a bhailiú agus críoch Chonnacht a ionsaí.

Dhá rí a bhí ar Ulaidh, Fearghas agus Domhnall, dhá rí Chonaill agus Eoghain, agus rinne siad creacha móra ar Chonnachta agus ghabh mórán eallaigh agus d'airg rompu go habhainn na Muaidhe go léir lán-ghrinn. Cúig catha de shochraide a bhí ag déanamh na gcreach sin. Thug Clann Fiachra fúthu go dian dásachtach le buíonta eile Chonnacht, ach, mar sin féin, níor baineadh bó dá n-ainneoin díobh ná níor maoladh claidheamh orthu riamh go dtí go rug lucht tí Eoghain orthu ag Droichead Martra, agus bhí ag cur go cruaidh orthu i ndeabhaidh díochra, nó go rug Eoghan féin orthu freisin ag Sceithín na Gaoithe. Nuair a chonaic Eoghan an tsochraide mhór, chuir sé teachtairí de lucht éigse agus ealaíon uaidh go Fearghas agus go Domhnall agus go maithe eile an chúige á rá leo an chreach a fhágáil agus imeacht abhaile, agus, mura ndéanfaidís sin, cath a fhógairt láithreach orthu. Tháinig na teachtairí áit a raibh Domhnall agus Fearghas agus d'inis dóibh caint Eoghain Bhéil, ach níor thoiligh siad sin aon aisíoc agus ba soilbhir ullamh iad do chur an chatha, óir bhíodar mór-aigeantach líonmhar agus a gcreach rompu. Cúig catha Chlann Néill agus Oirialla agus Uladh ansin. Aon chath mór maith Chlann Fiachra agus díormaí de fhir an chúige leo faoi Eoghan Béal mac Ceallaigh mhic Oilealla Moilt.

Thuirling Eoghan an uair sin ag éisteacht le freagraí na bhfilí ó Chlanna Néill. D'inseadar dó go raibh siad socair ar chath a thabhairt don turas sin, agus nach bhfaigheadh sé aon bhó de thoradh an chatha. D'éideadar Connachtaigh iad féin agus d'ionsaíodar Clanna Néill go hobann éasca éadrócaireach. Nuair a chonaiceadarsan onchú Eoghain agus na meirgí a rug a gcreacha go minic roimhe uathu, thiontaíodar, agus do chriothnaigh an dá shlua le tréan fuatha i dtreo a chéile. Tugadh cath Shligigh eatarthu ansin agus briseadh ar thuaisceart Éireann ann. Maraíodh Fearghas agus Domhnall, baineadh a gcreach díobh agus tugadh ár dí-áirithe orthu. Trom-ghoineadh Eoghan Béal ann ionas gur ar chranna sleá a hiompraíodh é. Bhí sé beo trí lá do réir inste amháin, agus seachtain do réir inste eile, agus maithe an chúige chuige agus uaidh, agus b'abhal mar chaoin siad é. Lean na lianna ag déanamh cúraim dó, go dtí go raibh ina chinnte go bhfaigheadh sé bás. Ghlac maithe Chlann Fiachra comhairle leis ansin faoi cé de a ndéanfaidís rí ina ionad.

' Is deacair atá ár ndáil,' ar Eoghan Béal, ' tá dhá mhac agamsa, Ceallach an cléireach, dalta Chiaráin Chluana, agus Muireadhach, macaomh óg nach bhfuil in-ríthe fós de bharr a óige, agus is í mo chomhairle díbh : Téigí go Cluain Mhic Nóis go dtí an áit a bhfuil Ciarán agus iarraigí d'achainí air Ceallach a scaoileadh chugaibh do ghabháil na ríghe, mar nach bhfuil ábhar rí eile agaibh—agus cuirigí guidhe láidir leis an iarratas sin.'

145

Dúirt Eoghan é a adhlacadh sa mhaigh agus a gha dearg ina láimh—'Agus tabhair m'aghaidh ar an tuaisceart ar thaoibh na rátha, agus an fhaid a bheas mé agus m'aghaidh ar an tuaisceart ní bhrisfidh an tuaisceart cath ar Chonnachta—fhaid a bheas aghaidh m'uaghasa orthu agus mé féin inti ar an chóiriú sin. Agus comhlíonadh go fíor an scéal sin, óir gach ionad a dteagmhadh Clanna Néill agus Connachta le chéile, cuirtí maidhm ar Chlanna Néill agus ar an tuaisceart ann. Is í an chomhairle a rinne siadsan fá dheireadh teacht slua mór go Ráith Ó Fiachra agus Eoghan a thógáil as a adhlacadh agus a thaise a thabhairt leo thar Sligeach ó thuaidh. Is mar sin a hadhlacadh thall é in Aonach Locha Gile agus a bhéal le lár ionas nach mbeadh ina chonair chinnte theithe dóibhsean roimh Chonnachta.

Pé scéal é tháinig Clanna Fiachra, mar chomhairligh Eoghan Béal dóibh, go Cluain Mhic Nóis, áit a raibh Naomh Ciarán ógh oirearc inti. Ar theacht dóibh chuir Ciarán fáilte rompu agus sheol i dteach leapan iad, agus freastaladh go maith iad an oíche sin. D'inseadar do Chiarán na tosca a thug ann iad agus níor thoiligh an naomh ar chor ar bith a dhalta a scaoileadh leo. Nuair nár thoiligh, d'fhanadar an dara oíche i gCluain agus tháinig an macaomh, Ceallach, ar cuairt chucu, agus bhí comhrá acu leis. Ghuidh siad agus d'agair siad air nó gur thoiligh sé dul leo, agus d'imigh sé arna bhárach gan ceadú agus gan ceiliúradh dá oide. hInseadh do Naomh Ciarán mar a bhí a dhalta i ndiaidh éaló gan a chead a fháil. ' Má d'imigh,' ar Ciarán, ' nárab sonasach an rogha a rug, agus tabharadh sé leis mallacht i ndiaidh na comhairle a rinne ; go raibh droch-chríoch leis fá dheireadh, agus gurab bás de rinn a thógfas é, agus geallaim anois in ainm mo Thiarna, rí nimhe agus talaimh, gach éinne a thréigfeas a léann cráifeach gur bás de rinn a thógfas é, gan chabhair gan chlis.'

Dála Cheallaigh, ámh, thug Clanna Fiachra leo é agus rinne rí Ó Fiachra de, is é sin ó Róba go Cónaigh. Bhí sé seal ina rí mar sin, agus níor sháimh leis a bheatha ar chor ar bith, ó chuala eascaine a oide. Ag an am sin bhí clú agus oineach Ghuaire mhic Colmáin i ndiaidh éirí ar fuaid Éireann, agus Uí Fhiachra Aidhne ar fearannas aige, agus ní go maith a bhí an scéal eatarthu ar chor ar bith. Bhí sé amuigh orthu gurbh fhuath leo a chéile, ach mar sin féin rinne siad coinne agus comhdháil agus bhunaigh síocháin. Ach bhí cealg i gcuid Ghuaire den tsíth, óir rug sé ar Cheallach ann agus mharaigh a bhfuair sé dá mhuintir, agus chuaigh Ceallach féin agus trí naonúir leis ar teitheadh as an longfort. Bhí sé bliain faoi choill ina dhiaidh sin nó gur ghabh tuirse mhór é agus aithreachas faoina léann a fhágáil agus faoin eascaine a thuill sé ó Chiarán. Rinne sé eolchaire mhór ann ag aifear go fad-mhinic air féin agus ag caoi doilí na comhairle a tharla dó. ' Is mairg domsa,' ar sé, ' an chomhairle a thug orm mo léann agus mo naomh-oide a thréigint ar thuatacht an tsaoil díomuain truaighe seo,' agus dúirt sé an laoi seo ann :

SCÉALAÍOCHT NA RÍTHE

Mairg a thréigeas cléirceacht ar cheird
de cheirdibh an domhain deirg ;
mairg a thréigeas ró-ghrá Dé dhil
ar ríghe an domhain duthain !

Mairg a ghabhas airm na beatha seo
mura mbíonn iontu aithreach ;
fearr do dhuine leabhair bhána
lena gcantar salm-thrátha.

Cé gur maith an cheird ghaisce
is beag tuillimh, is mór aistir ;
beatha shíor-sheang bheas de
a bhfaightear Ifreann aisti.

Díogha ceirde ceird ghadaí,
siúlach loingtheach an luath-bhradaí ;
bíodh gur maith an té a ní,
ina dhiaidh is droch-dhuine.

Is mór de gach olc díobh sin
a ní Ceallach mac Eoghain ;
ar fuaid Ceara ó cheirn go ceirn
rinneas iad le droch-cheithirn.

Neamh naofa, iostadh na naomh,
ar Ifreann dhubh dhorcha dhaor,
a Chríost, a Choimsí na dtreas,
an mór-Choimdhe is mairg a thréigeas.

148

I ndiaidh an aithreachais mhóir sin is í an chomhairle a rinne
Ceallach imeacht leis agus na trí naonúir a bhí ina fhochair le linn
an chogaidh go dtí an áit a raibh a oide, Ciarán Chluana. Ba leisc
leis dul i muinín Chiaráin tar éis a aimhréire féin, agus d'fhan sé
taobh amuigh den bhaile nó go bhfuair dream dá chomhaltaí agus
de chléirigh Chiaráin ansin é. D'fhearadar fáilte leis agus phóg-
adar é, agus tháinig sé sa bhaile leosan agus d'fhan ann an oíche
sin, gan fhios do Chiarán. Tháinig maithe an tsámhaidh leis arna
bhárach go Ciarán ag iarraidh síotha agus trócaire air. Shléacht sé
dá oide, agus cé gur mhór móid Chiaráin leis d'fhaomh sé a shíoth
agus b'aithreach leis an eascaine a rinne sé air : ' A mhic,' ar
sé, ' dá bhféadfainnse é chuirfinn an eascaine ar ceal, ach ó tharla
nach bhféadaim, nára cruaidhe Dia leatsa dá bharr agus nára lúide
d'ionad ar neamh é bheith ráite agam.'

Is ansin a tháinig rath an Spioraid Naoimh agus grá an Choimdhe
i gCeallach níos mó ná mar bhí roimhe, agus dúirt sé leis na trí
naonúir de Chlanna Fiachra a bhí ina fhochair imeacht rompu
as sin go dtí an áit a raibh Muireadhach a dheartháir—is é ionad
a raibh an macaomh óg i dteach a oide, Eoghan rí Luighne—' Agus
bígí ina fharradh,' ar Ceallach, ' agus leanaigí de gach áit agus
gach conair a dtéann sé.' D'imíodar rompu mar dúirt Ceallach
leo, agus bhíodar ina muintir ag Muireadhach ar feadh i bhfad ina
dhiaidh.

Maidir le Ceallach ansin, chrom sé a cheann go díochra chun

a fhoghlama agus bhí ag déanamh a léinn go dian dícheallach, agus gach biseach a bhíodh ar a léann bhíodh a thrí oiread sin ar a chráifeacht, ar a dhéirc, ar a gheanmnaíocht agus ar a dheabhéasa eile. Mhéadaigh ar a chlú agus a chráifeacht ansin, agus thug gach éinne comh-ghrá dó, agus ba bhuíoch go mór a oide Ciarán de gur ghníomhaigh sé do réir a chomhairle agus a theagaisc. Tugadh grádha sagairt air, agus bhí sé sna grádha sin go ceann scathaimh. Ina dhiaidh tháinig cléirigh a oireachta féin agus a thíre dúchais chuige agus thógadar é chun easpagóide. Tugadh grádha easpaig air, agus Ceall Alaidh a tugadh mar chathair easpaig dó. Níodh sé freastal ar an easpagóid, ach is minicí a bhíodh sé i gCluain Mhic Nóis ná ina fhairche féin, agus ní raibh in Éirinn éinne ab fhearr clú oinigh agus cráifeacht agus cléirceacht, agus is é ba shíothúla agus is mó a raibh grá aos ealaíon aige, is é sin lucht scéalaíochta agus aos gach oirfide. Bhíodh mórán daoine á leanúint.

Uair amháin tháinig sé le marcshlua mór de chléirigh ar chuairt easpagóide gur shroich Ceall Mhór Muaidhe. Tharla Guaire an lá sin i nDurlas agus mórán de aos grádha maraon leis. Bhí Nár mac Guaire, a mhac féin, ann agus Neimheadh mac Fir Chogtha, dalta aingeiseach do Ghuaire. Dúirt seisean leis an rí :

'Is neamuinteartha a chuaigh Ceallach an t-easpag tharainn.'

'Cuma sin,' ar Guaire, 'cuirfeadsa teachtaire chuige á rá leis teacht chun cainte liom.'

Chuir sé fear dá mhuintir go Ceallach. Nóin an tSathairn an t-am díreach, ach mar sin féin dúirt an fear :

' Is díomuíoch Guaire díot ar dhul thairis, ach tar anois uait le labhairt leis.'

' Ní raghad,' ar Ceallach, 'tá tráth easpartan ann agus oíche Shathairn agus ní dhéanaimse taisteal Domhnaigh. Ach déanfaidh mé m'easpartain agus mo thrátha sa chill seo agus léifidh mé Aifreann an Domhnaigh amárach, agus, más áil leis, taradh sé ag éisteacht leis an Aifreann agus ag comhrá liomsa, óir is gairid uaidh é, agus murab áil raghadsa ag caint leis Dé Luain cibé áit a mbíonn sé.'

D'imigh an teachtaire ar ais go dtí Guaire, ach ní hí an chaint a rinne Ceallach a d'inis sé do Ghuaire. Dúirt sé gur dhiúltaigh Ceallach theacht leis agus gur léir nach raibh grá Ghuaire ina chroí. Tháinig fearg mhór ansin ar Ghuaire agus dúirt sé leis an teachtaire :

' Téigh go dtí Ceallach agus fógair dó an fearann seo a fhágáil, agus mura bhfágann sé anocht féin an chill ina bhfuil sé loiscfear os a chionn í, agus marófar eisean lena mhuintir uilig.'

Ansin chuaigh an teachtaire céanna go dtí Ceallach, ach, más ea, níor cheil sé air aon chuid de ráite Ghuaire.

' Dia idir mise agus an t-ainfhírinneach,' ar Ceallach. Ach mar sin féin níor fhág sé an baile go dtáinig an Luan, agus chuaigh sé ansin siar gur shroich oirear Loch Con. Bhí sé tamall ansin, agus chuaigh as go Loch Claon, ar a dtugtar Claonloch inniu, agus nuair a bhí sé ag féachaint ar an loch chonaic sé oileán amach uaidh, Oileán Éadghair. Taispeánadh dó timpealladh na n-aingeal os cionn an oileáin ; chuaigh sé isteach ann mar sin agus d'fhiafraigh an raibh beannú naoimh inti, agus dúradh leis nach raibh beannú naoimh inti riamh.

' Is fíor mar sin,' ar Ceallach, ' gur inti atá i ndán domsa díthreabhacht a dhéanamh agus mo naomhú féin.'

Agus bhí a mhuintir[1] ag fonóid faoi agus ag dímholadh dó smaointiú ar fhanacht san oileán.

' Is cinnte go bhfanfad anseo,' ar Ceallach, ' agus imígí romhaibh óir is iomaí ionad maith atá agaibh i mo easpagóid.'

Sin mar rinne siad, agus fágadh Ceallach ansin gan ina fhochair ach an ceathrar cléireach óg, Maol Cróin, Maol Dá Lua, Maol Seanaigh agus Mac Deoraidh. Bhíodar ann aimsir an Charghais ag déanamh a dtráth agus a n-urnaithe, agus craobhscaoileadh ar fuaid Éireann uile go raibh Ceallach mac Eoghain i ndíthreabh ar fhágáil a easpagóide dó. Tháinig tráth na Cásca ansin agus bhí Muireadhach ag teacht go minic chuige, agus ní dhéanadh éinni ach do réir a chomhairle.

Chuala Guaire sin agus líon fearg agus mór-mhioscais do Cheallach é, agus cé gurbh olc mar a bhí roimhe eatarthu ba mheasa

---

[1]Na cléirigh a mbíodh sé i gceannas orthu.

dá éis, óir ba lán-eagal leis go ngabhfadh Muireadhach mac Eoghain an ríghe trí theagasc Cheallaigh agus trína fheabhas féin agus ar a mhéid a tuigeadh gurbh ábhar rí Chonnacht é. Freisin, bhíodh Nár mac Guaire agus Neimheadh mac Fir Chogtha ag tathant ar Ghuaire gan fanacht go brách le Ceallach a mharú. Bhídís ag insint bréag agus míscéal uathu féin idir lá agus oíche do Ghuaire, ionas gur chumadar eatarthu cuireadh a thabhairt do Cheallach agus nimh a dhéanamh fána chomhair, óir cé gurbh fhuath le Guaire Ceallach, níorbh áil leis go n-imreofaí airm ina fhianaise air. Is amhlaidh sin a rinne siad, agus cuireadh teachtaire ar chionn Cheallaigh go hOileán Éadghair ar Loch Con, agus hordaíodh dóibh, dá ndiúltódh Ceallach teacht chun na fleidhe, a rá lena cheithre daltaí teacht go dtí Guaire ionas go ndéanfaidís teachtaireacht idir Ceallach agus é. Pé scéal é tháinig na teachtairí sin go dtí Ceallach agus bheannaigh siad dó agus é ag déanamh a thrátha ann, agus bheannaigh Ceallach dóibhsin. Dúradar leis gur ar a chionn a thángadar ó Ghuaire le cuireadh chun na fleidhe móire a bhí aige fána chomhair agus le go mbeadh comhrá príobháideach aige leis.

' Ní raghadsa chun a fhleidhe,' ar Ceallach, ' óir ní thréigfead mo thrátha ar son fleadh óil ná muirne díomhaoine an tsaoil díomuain.'

' Olc an chomhairle,' ar na ceithre daltaí a bhí ag Ceallach, ' agus is deacair do Ghuaire a chreidiúint go bhfuil tú i ndea-aigne dó.'

'Más ea,' ar na teachtairí, 'lig do dhaltaí linne, agus beidh Guaire buíoch díot, agus bhéarfaidh siad chugat gach comhrá agus gach comhairle dheiridh a bheas ag Guaire.'

'Ní bhacaim díobh agus ní fhoráilim orthu,' ar Ceallach.

Chomh luath agus chuala Maol Cróin agus an triúr eile an méid sin, d'imíodar leo chun an eathair leis na teachtairí. Thugadar an t-eathar leo gan chur isteach ó Cheallach, agus thángadar as sin gan fhuaradh gan fhanacht chuig an áit a raibh Guaire i nDurlas.

Chuir Guaire fáilte rompu go súch agus ba mhaith leis go dtáinig siad chuige. Freastaladh go haireach iad de bhia agus cóiríodh teach óil fá leith ag Guaire inar tugadh an deoch is fearr a fuarthas sa bhaile chucu. Socraíodh beirt díobh ar gach taoibh de Ghuaire, gealladh bronntanais mhóra dóibh, tugadh fearann Tír Amhalaidh uilig dóibh agus na ceithre mná aontumha a thoghfaidís féin sa chúige chomh maith lena leordhóthain bó agus each. Rinneadh conradh go bhfaighidís na bronntanais sin ach Ceallach a mharú, agus thoiligh siad é sin a dhéanamh, agus tugadh claidhimh agus tuanna agus airm dóibh. Bhíodar ann an oíche sin agus tar éis bricfeasta ghluais siad leo go Loch Con agus fuair an t-eathar san ionad ar fhág siad é. Ansin thánagadar chuig an áit a raibh Ceallach agus is amhlaidh a bhí agus a shaltair ina fhianaise agus é ag gabháil a shalm. Níor labhair sé leosan nó go raibh sé réidh leis na sailm, ach d'fhéach sé orthu ansin.

'Suígí, a óga,' ar Ceallach, 'tháinig sibh ar mhalairt aigne i ndiaidh dul uaimse, agus aithním oraibh gur thoiligh sibh mo mharúsa do Ghuaire.'

Níor shéan siad é.

' Olc an chomhairle sin,' ar seisean, ' ná déanaigí bhur n-aimhleas níos mó agus gheobhaidh sibh uaim féin bronntanais níos fearr ná ar gheall Guaire díbh.'

' Ní dhéanfaimid do chomhairlese ar chor ar bith, a Cheallaigh, mar nach bhfaighimis ár ndíon in Éirinn ar Ghuaire dá ndéanfaimis sin.'

Le linn dóibh bheith á rá sháigh siad in éineacht ar Cheallach agus tharraing siad leo chun an eathair é. Chuir seisean a shaltair idir é féin agus a ionar agus leagadh é i meán an eathair. Shroich siad port agus rugadh faoi dhoircheacht an fheá mhóir agus i ndiamhair na coille é.

' Dar liomsa,' ar Ceallach, ' is olc an chomhairle atá fúibh. Gheobhadh sibh bhur ndíon i gCluain Mhic Nóis go brách ar Ghuaire, nó dá mb'fhearr nó dá mb'oiriúnaí libh é dul go dtí Bláthmhac agus Diarmaid, dhá mhac Aodha Sláine, a bhfuil ríghe Éireann acu,' agus rinne sé an laoi ann :

A óga is fíor gur uaimhníos—
ba olc uabhar ag rí na bhflaitheas—
cé gur saobh suíomh bhur súl
is measa an rún fá bhur mbaitheas.

Óir thoiligh sibh domsa—
cinneadh cruaidh nach bhfaigheann maithiúnas,
fada a bheas sibh fána mhícháil—
feall agus fionghal i dtiocfaidh aithreachas.

Cé sibh ní sibh, creidimse,
mharós mise le béim braide—
is measa a loiscfeas bhur mí-ádh—
ach osna Chiaráin m'oide.

Bíodh gur trom toradh na heascaine,
ní sheachnaim martra orm ;
beidh ina phláigh díbh is ina mhairg
as lámh dhearg a imirt orm.

Tá agamsa bua áirithe—
níl agaibh a macasamhla—
is dlúth le Críost mo chaingean,
ar neamh na naomh bheas m'adhbha.

Cinneadh eile agaibhse
fán fheall-bheart seo nach cróga :
bás de rinn do bhur lomadh,
is Ifreann láithreach, a óga.

'Is díomhaoin duit comhairle a thabhairt dúinn feasta faoin ábhar sin,' ar siadsan, ' óir ní dhéanfaimid ort í.'

'Más ea,' ar Ceallach, tabharaigí cairde na hoíche anocht dom gan mo mharú.'

'Bhéarfaidh mar sin, cé gur leisc linn,' ar siad.

Thógadar na claidhimh a bhí i bhfolach faoina n-éadaí agus ghabh eagla mhór Ceallach ar iad a fheiceáil. Chuartaigh siad an choill nó go bhfuair siad dair mhór chuasach inti. Bhí doras cúng amháin ar an chuas agus cuireadh Ceallach siar ann agus shuigh siadsan timpeall an dorais ag faire air. Mar sin dóibh go dtáinig deireadh oíche agus go dtáinig mian codlata dóibh ionas gur thit a dtromchodladh orthu gan mhoill. Níor chodail Ceallach ar chor ar bith le himní agus bhí ar a chumas éaló a dhéanamh ansin dá mb'áil leis. Ach dúirt sé leis féin gurbh olc an creideamh dó cinniúint Dé a sheachaint agus dar leis go mbéarfaidís sin air dá n-éalódh sé uathu, mar bhí sé seang trua-mheirtneach i ndiaidh an Charghais agus bhí an mhaidin ag soilsiú cheana féin. Dhruid sé an doras le heagla roimh an mhaidin a fheiceáil agus chonaic ansin réaltanna geala trí mhionphoill eile a bhí sa chuas.

'Is olc an creideamh a ním,' ar sé, 'breith Dé a sheachaint agus breith Chiaráin m'oide, agus a rá gur gheall sé an bás a theacht i mo chionn.'

D'fhoscail sé doras an chuasáin ansin agus ghair an fiach agus an fheannóg agus an dreoilín agus na héanacha uilig, agus tháinig seir-fhiach Iúir Chluain Eo agus cú rua Dhroim mhic Dáir, an bréagaire beag a bhíos láimh le port an oileáin, mar atá an sionnach.

'Is fíor an aisling a chonaic mé oíche Chéadaoine seo caite,' ar Ceallach, 'ceithre coin allta am réabadh agus am bhreith tríd

an raithneach, mé ag titim in alt mór agus gan éirí dom as.'
Ansin a dúirt sé an laoi :

Fáilte romhat, a mhaidin bhán,
le teacht ar lár m'aireagláin—
fáilte roimh an tÉ a luath
an mhaidin bhuach shíor-nua.

A iníon óg na huaille,
a shiúr na gréine gluaire,
fáilte romhat, a mhaidin bhán,
a fhoilsíos orm mo leabhrán.

Is tú a chíonn aoi gach tí,
a shoilsíonn tuath is fine ;
fáilte romhat, a mhuinéal mhín,
againn, a ainnir ór-chaoin.

Adeir liom mo leabhar breac
nach bhfuil mo shaol ar cóir ;
roimh Mhaol Cróin is cóir dom sceon,
is é a bhuailfeas mé fá dheoidh.

A fheannach !
a éinín bhrat-ghlais bheannach !
léir dom ar chlú do mhana
nach cara thú do Cheallach.

CATHRÉIM CHEALLAIGH

A fhiaich a ní an ghrágarnach,
má táir ocrach gan lón,
ná héirigh anseo den ráith
go n-ithir do sháith dem fheoil.

Seir-fhiach Iúir Chluain Eo,
freagróidh go garbh an gleo ;
bhéarfaidh lán a iongan glas,
liomsa ní go mín a scarfas.

An sionnach tá sa choill chéir,
freagróidh go luath an bhéim ;
íosfaidh ní dem fhuil is dem fheoil
i gcríocha fuara aineoil.

An chú rua atá sa ráith
in oirthear Droma Mhic Dáir,
tig chugam ar feadh uaire
mar thaoiseach na caomh-chuaine.

Chonaic mé aisling,
oíche Chéadaoine a chuaigh,
coin allta am chomh-tharraing
soir siar tríd an raithnigh ruaidh.

Chonaic an aisling—
mo bhreith dóibh i ngleann glas ;
ceathrar am bhreith ann,
dar liom níor thug siad as.

159

Chonaic mé aisling—
mo dhaltáin am bhreith dá dtigh :
dháil siad ormsa deoch,
agus ormsa d'ól cothrom na dí.

A dhreoilín leis an ruball maol
is trua a thairngireas tú an laoi,
más dó thángais, do mo bhrath,
do ghiorrúchán mo bhliain-shreath'.

Cad fá mbeadh Mac Deoraidh
d'fheall ormsa ná dom bheo-ghoin ?
is dhá dheartháir m'athair
agus athair Mhac Deoraidh.

Cad fá mbeadh Maol Dá Lua
d'fheall ormsa le bás rua ?
dhá dheirfiúr mo mháthairse
agus máthair Mhaoil Dá Lua.

Cad fá mbeadh Maol Seanaigh
d'fheall orm ins an mheabhail ?
mar is mac é fir umhail
Maol Seanaigh mac Maoil Iúir.

A Mhaoil Chróin !
do chinnis gníomh nár chóir :
ní ligfeadh mac Eoghain do éag
ar fhiche céad d'uingibh óir.

CATHRÉIM CHEALLAIGH

A Mhaoil Chróin !
is tú a bhí glic san fheill ;
do ghabhais slí an tsaoil,
do ghabhais bealach Ifrinn.

Gach séad maith a gheibhinnse
is gach óig-each seang sleamhain,
do Mhaol Chróin do bheirinnse
le nach ndéanfadh orm meabhail.

Go n-abra an Tiarna liomsa—
Mac mór-Mhuire os mo chionnsa—
beidh agat talamh, beidh agat neamh,
is ort, a Cheallaigh, atá mo chion.

Thóg siadsan Ceallach as an chuasán ansin. Bhuail Mac Deoraidh
ar dtús é agus do bhuail an triúr eile leis é gur maraíodh ann an
t-easpag naofa. I ndiaidh a n-oide agus a dtiarna agus a mbráthair
a mharú tháinig siad áit a raibh Guaire agus ba fháilteach eisean
rompu, cé nár chóir an t-éacht a rinne siad.

Tháinig fiaich agus feannóga agus mic tíre agus feithidí chuige
agus d'itheadar ní dá fheoil mar a tairngireadh. Agus ghabh galar
gach feithide a d'ith a bheag nó a mhór dá fhuil nó dá fheoil agus
fuair siad uilig bás.

Dála Mhuireadhaigh mhic Eoghain, deartháir Cheallaigh, tháinig
sé ar cuairt chuig a bhráthair mar théadh go minic le comhrá agus

comhairle bheith aige leis, óir ní dhéanadh sé éinní ar domhan murarbh é comhairle Cheallaigh é, mar ba é a oide múinte agus a dheartháir agus a athair spioradálta é. Tháinig sé go port na hinse mar thigeadh gach uair, ach níor chuala sé fuaim ná comhrá san oileán. Fuair sé an t-eathar sa phort agus chuaigh lena mhuintir san oileán, ach fuaireadar folamh é. Thángadar amach arís agus nuair a chuala Muireadhach go ndeachaigh na cléirigh óga go teach Ghuaire d'aithin sé gur ordaíodh dóibh Ceallach a mharú. Is í slí a chuaigh sé ansin, go dtí an choinneal idir Loch Con agus Loch Cuilinn, agus d'éirigh onchú nimhneach a bhí ar an choinneal os a gcomhair agus mharaigh naonúr dá mhuintir ina fhianaise féin. Cháin a chomhalta, Conall mac Eochaidh, eisean ansin agus dúirt leis gur droch-mhac rí a lig do phéist a mhuintir a mharú ina fhianaise.

Chuaigh Muireadhach ansin ag tomadh ar lorg na péiste. Ní bhfuair don chéad uair í ná don dara uair, ach an tríú uair fuair sé sliocht na péiste agus lean í as an loch aníos agus fuair ina codladh sách í. Sháigh sé a chlaidheamh tríthi go talamh, agus rug sí léim sa loch agus an claidheamh aisti, agus lean seisean í agus rinne comhrac léi. Chréachtnaigh sí go mór é, ach mharaigh sé í agus rug a ceann leis suas ar tír chuig a chomhalta, agus dúirt a chomhalta leis :

'Is buach an comhrac a rinne tú agus cú na coinneilte a mharú, agus is é Cú Choinnealt an t-ainm a bheas ort feasta fhaid a bheas tú beo.'

Ina dhiaidh sin tháinig siad amach arís agus fuair rian an chúigir ar fuaid na coille fásaigh, agus lean siad go dícheallach é go bhfuair siad na lorga san áit ar fágadh iad.

'Is fíor leoga,' ar Muireadhach, 'gur ó Ghuaire a tugadh na lorga seo mar airm le Ceallach a mharú. Fágaigí na lorga agus leanaigí go maith sliocht na bhfear seo.'

As sin leo ar an rian nó go bhfuair siad an cuas agus corp Cheallaigh ann ar n-ithe cuid de do na péiste. Luigh sin go trom ar Mhuireadhach agus rinne sé an laoi ann :

Ionmhain an té ar leis an corp seo—
samhlaím féin lem éag an t-éag seo ;
uch, dar liom is lán dá fhuil
corpán Cheallaigh mhic Eoghain.

Fairíor ! Níl deirfiúr dom
in iath Éireann ná Alban ;
marbh m'athair is mo mháthair,
is d'fhág Dia mé gan deartháir.

Muna bhfuil ag Geilghéis ghlain,
is ag Conall mac Eochaidh,
ní fheadar má tá ag aon duine
mo chineáltas nó m'ionmhaine.

A Loch Claoin !
ní bheidh agat feasta do mhaoin,
ó nár chosainis ar a ghoin
corpán Cheallaigh mhic Eoghain.

SCÉALAÍOCHT NA RÍTHE

A Cheallaigh, thréigis ceithearna
ar shailmchéadail go soilse ;
do thréigis graifne ghaile
ar leabhra go lán-ghlaine.

Do thréigis tithe óla
ar chleachtadh na haltóra ;
do ligis uait cíos, a fhir !
thugais grá d'Íosa ionmhain.

Titfidh liomsa Mac Deoraidh
i ndíol mhic ard-Eoghain ;
beidh Mac Deoraidh lán dá fhuil,
a chearb mac Eoghain ionmhain.

Ba mhaith a chléirceacht chrábhaidh
ina chill álainn iúránaigh ;
ionmhain foltán le finne,
is corpán le hionmhaine.

Titfidh Maol Dá Lua dom láimh
i ndíol Cheallaigh chomhláin—
agus titfidh Maol Seanaigh,
ó bhí ag an mhór-mheabhail ;
ar Mhaol Cróin go garbh dá ghoin
bhéarfad ór, gidh ionmhain linn.

Ina dhiaidh sin tógadh corp Cheallaigh leo go Droim Mór ar a
dtugtar Turlach, ach nuair a d'aithníodar sin é, níor ligeadar a

adhlacadh acu ar eagla Ghuaire. Chuadar as sin go cill eile bhí gairid uathu, mar atá Lios Calláin, agus dhiúltaíodar sin a adhlacadh acu ar eagla Ghuaire. B'olc le Cú Choinnealt sin agus mhallaigh sé do lucht na cille agus dúirt go ndíolódh sé orthu é. Ní cian a chuadar ón bhaile agus corp Cheallaigh á iompar acu nuair a chonaiceadar an chill trí thine ar dearg-lasadh, agus ba tine í a tháinig de nimh dá loscadh de bhrí nár lig siad corp Cheallaigh a adhlacadh acu, agus níl áitreabh sa chill sin ó shoin. Agus iad mar sin chonaiceadar dhá dhamh allta chucu agus cróchar á iompar eatarthu, agus nuair a thángadar fhaid leis an chorp ligeadar an cróchar ar lár i gceart-mheán na buíne. B'ionadh leo sin, ach ba mhaith leo go ndearnadh an mhíorúilt. Cuireadh corp Cheallaigh sa chróchar a bhí idir na daimh agus d'iompair siad as sin é nó gur shroich siad na hEiscreacha aniar. Chonaiceadar cill ansin agus duir-theach maith inti agus lig na daimh an corp ar lár i ndoras an duir-thí. Baineadh cloig an bhaile agus tháinig na cléirigh os cionn an choirp, agus d'fhiafraíodar cérbh é, agus rinneadh cró-chaingeal uime ann. Is do dhearbhadh an scéil sin a bhíodh an dá dhamh ag treabhadh mar na daimh cheansa eile agus a thigidís ag lí na huagha gach oíche. Tháinig Cú Choinnealt ansin os cionn uagha Cheallaigh agus dúirt ann :

Trua tuirseach atáimse ann
d'éis mo bhráthar bhí im chumann ;

feasta ní raghad dá thigh
ón lá a cailleadh mac Eoghain.

Is olc don té a d'fheall ort,
fás dá éis a ardphort ;
beidh an té a leadair thú thoir
ar leaca dorcha an diabhail.

Mairg a bheir taobh leo ina thigh—
le clainn Cholmáin mhic Chobhthaigh ;
ón ghníomh a rinne Guaire
táim faon fá bhrón síor-thruaighe.

Ina dhiaidh sin thionóil lucht báidhe agus caradais Cheallaigh
go Cú Choinnealt as gach aird go dtí go raibh ceithearn mhór aige.
Is é líon a bhí ann trí chéad fear armtha. Ó nach bhfuair sé faill
chogaidh ar Ghuaire chuaigh sé roimhe go dtí an áit a raibh
Marcán mac Cillín, rí Ó Maine agus Meadhraí. Is amhlaidh a fuair
sé coimirce bhliana ó fhir Éireann, agus thug sé a lámh i láimh
Mharcáin, agus thug seisean coinmheadh dá mhuintir, agus d'fhan
sé féin i gcuideachta Mharcáin. Fuair sé onóir agus tairise ann
go ceann bliana, agus i gcionn na bliana sin dúirt Marcán :
    ' Déan réiteach le himeacht amárach, a Chú Choinnealt. Ní
doicheall a bheir orainn a rá leat, ach ar eagla Ghuaire ní leomh-
aimid do chothú níos faide againn, agus rinne sé an laoi ann :

CATHRÉIM CHEALLAIGH

Is maith do thuras chugam,
a Chú Choinnealt mhic Eoghain !
do bhiseach atá ar tuile,
a mhic Eoghain an fhoilt bhuí !

Éirigh romhat amárach
tús na maidne go buaíoch ;
agus bí sealad bliana
i gclainn Aodha shaoir Sláine.

Gurb soirbh an turas a théann tú,
a mhic Eoghain na féile !
i dtigh Mharcáin go mór-rath
do sheal féin ba ró-ghar.

Ina dhiaidh sin imíonn na trí chéad rompu thar Sionainn soir
chun na Midhe gur shroicheadar Teamhair, áit a raibh Bláthmhac
agus Diarmaid, dhá mhac Aodha Sláine, óir is acu bhí ríghe
Éireann an t-am sin. hAithníodh iad agus fearadh fáilte rompu
agus tugadh onóir agus grá dóibh ann. Bhí iníon álainn aontumha
ag Bláthmhac, arbh ainm di Aoife, agus tharla suirí idir í sin
agus Cú Choinnealt agus thug siad grá dá chéile, ach is beag
duine a raibh fhios aige go raibh suirí eatarthu. Lá amháin nuair
a bhí Bláthmhac agus Cú Choinnealt ag imirt fichille, tháinig
Aoife isteach agus bhí ag féachaint orthu. Bhí an cluiche á bhreith
ar Chú Choinnealt, agus thaispeáin sise beart dó ionas gur baineadh

167

an cluiche ar a hathair. D'fhéach an t-athair go géar uirthi agus dúirt :

'Is díochra do chomhairle im éadan, a iníon, agus rug tú an cluiche uaim, agus is fíor go bhfuil suirí idir tusa agus Cú Choinnealt.'

'Ní shéanaim é,' ar sise, ' má admhaíonn seisean.'

' Admhaím go deimhin,' ar seisean.

' Cad chuige nár chuir sibh i mo chead é ? ' ar seisean.

' Ní dhearnamar cion le chéile go fóill,' ar Cú Choinnealt, ' agus ní dhéanfaidh, murab áil leatsa.'

' Más ea,' ar Bláthmhac, ' ní chuirfeadsa bac ar bhur ngrá, agus bhéarfad duitse do mhnaoi í—gidh gurb iomaí fear uasal á hiarraidh—óir is diongbhála liom de chliamhain thú.'

Rinneadh a mbainis an oíche sin agus chodlaíodar le chéile, agus ba mhaith mar bhí go dtí gur tharla caoin-chomhrá oíche amháin eatarthu agus gur dhúirt sise :

' Cé gur maith do dhealbh agus do chlú, is mór an locht ort olcas do laochtacht agus do mhí-bheocht.'

' Cé an fáth atá agat le sin a rá, a iníon ? ' ar Cú Choinnealt.

' Tá seo,' ar sise, ' ar a olcas a dhíolann tú do bhráthair ar an cheathrar a mharaigh é.'

' Is fíor dhuit, a iníon,' ar Cú Choinnealt, agus ba náir leis ar dhúirt Aoife leis ansin. D'éirigh sé go moch ar maidin agus chuir fios folaigh uaidh ar a mhuintir, agus thángadar uile as gach aird ann. D'éirigh seisean eatarthu agus chuadar rompu as an bhaile amach, agus tháinig Bláthmhac agus maithe an bhaile dá fhastó. Luigh brón mór ar Aoife agus bhí sí ag tathant ar mhaithe an bhaile gan ligint dóibh imeacht, ' óir dá bhfeicfeadh mná Chonnacht anois é,' ar sise, ' bhéarfaidís grá dó, agus ní fheicfinn go brách arís é.' Bhí an t-aithreachas á marú fánar dhúirt sí leis, óir dhiúltaigh sé fanacht, agus rinne sí an laoi ann :

Aithreach an ní a dúras—
fear do cháineas gan chionta ;
ní hé Mac Dé a dheonaigh
Cú mac Eoghain chun imeachta.

Líonadh mo chroí de chumha—
biseach ní bheidh ar mo ain-neart ;
faide liom bheith i mBreá-Mhaigh
ná ag leanúin Chú Choinnealt.

Eagal liomsa an fear fógra
bheireas báire ar gach cuaine—
dá sroichfeadh a thír féin timpeall—
a bheith faoi ghaiste Ghuaire.

Ní dhéanfad feasta áineas—
mar líon an cumha mo chroí—
túisce mo bhás gan amhras
ná le aon fhear eile luí.

169

Dursan a thoisc 'na Teamhrach—
le hainnire is mín maifeach— ·
gidh éasca é go tír Ghuaire,
beidh ar bhfuaire dó aithreach.

Maidir le Cú Choinnealt agus a mhuintir chuadar siar ar fuaid Thuath Bhreá agus Midhe agus thar Sionainn agus ar fuaid Chonnacht nó gur shroich siad Tír Amhalaidh, a fhíor-dhúthaigh féin. Ba dona mar bhí a ndála sa chrích gan mhoill, óir bhí mórán acu ann agus ba doiligh iad a cheilt. Níorbh fhada áfach a d'fhulaing siad gan bhia go dtug seisean go teach ab aithnid dó roimhe i nGleann Mac Árann thiar, agus bhí fairsinge ann dóibh an oíche sin. Chuaigh Cú Choinnealt ina aonar a chuartú na críche ina chomhfhoigse, agus ní fada a chuaigh nuair a chonaic sé an tréad mór muc. D'fhan sé ag féachaint orthu, agus nuair a chonaic sé an torc mór gránna thug sáitheadh dá shleá air gur mharaigh é. Tháinig aoire na muc chuige ina rith agus dúirt leis :

' Cad chuige ar mharaigh tú an mhuc, a dhuine ? '

' Mian a mharfa a tháinig dom,' ar Cú Choinnealt, ' óir tá ocras orm.'

' Beidh aithreachas ort as an ghníomh a rinne tú.'

' Gabh i leith anseo go ndéanfaimid comhrá le chéile,' ar Cú Choinnealt.

Bhí an giolla ar tí a sheachaint ach níor éirigh leis. Nuair a bhí sé ar a chumas ag Cú Choinnealt d'fhiafraigh seisean de :

' Cé leis na muca seo ? An le fear sa chrích seo iad ? '

' Is ionadh liom,' ar an mucaí, ' más de Chúige Chonnacht thú gan fhios agat an ceathrar a bhfuil an chríoch seo acu, Maol Cróin, Maol Dá Lua, Mac Seanaigh agus Mac Deoraidh, ceithre daltaí Cheallaigh mhic Eoghain. Chuala gach éinne agus is eol dúinn go maith an t-ábhar fánar tugadh an fearann seo dóibh.'

' Is fíor sin,' ar Cú Choinnealt.

Bhí an mucaí ag breathnú an laoich go géar.

' Cé an fáth a bhfuil tú ag stánadh orm mar sin ? ' ar Cú Choinnealt.

' Más ceart mo chuimhne,' ar an mucaí, ' is tú Cú Choinnealt mac Eoghain, cé gur fada ó chonaiceas roimhe seo thú.'

' Is fíor an aithne sin,' ar Cú Choinnealt.

Rug an giolla barróg air agus thug trí póga dó.

' An aithníonn tú mise ? ' ar an mucaí.

' Ní aithním go fóill,' ar Cú Choinnealt.

' Is mise an daltán beag Dé a chífeá ag Ceallach. Buíochas le Dia gur sheol sé chugam i dtosach sa chrích seo thú. Agus an bhfuil ceithearn nó muintir agat ? '

' Tá maise,' ar Cú Choinnealt, ' ag iarraidh bídh dóibh a tháinig mé mar tá trí chéad acu ann.'

' Ba bheag dóibh muc amháin,' ar an giolla. ' Taradh dream díbh chugamsa le cuid na hoíche anocht de na muca a mharú, óir is id fhochairse a bheadsa as seo amach. Is buí liom tú a fheiceáil agus déanfad scéala duit agus is mise a stiúrfas feasta thú sa chrích seo. Déanfad fiosrú duit agus gheobhad baol an cheathrair a mharaigh Ceallach.'

'Conas sin ? ' ar Cú Choinnealt.

'Tá siad i nDún Fhíne agus bruíon arna dhéanamh dóibh ann a bhfuil ceithre doirse uirthi, doras i gcomhair gach duine acu, óir bhí na hoireachta ina n-aghaidh go dtí inniu. Tá ormsa na muca a thabhairt chucu dhá marú chun bainse na bruíne, agus tá orm freisin beart mór luachra a thabhairt liom. Idir dhá linn maraígí sibhse an méid is áil libh de na muca.'

'Raghaidh mé féin leat,' ar Cú Choinnealt, ' agus is mé a iomprós an beart.'

Chuadar rompu mar sin. D'ordaigh Cú Choinnealt dá mhuintir, ach go gcaithfidís a ndóthain d'fheoil na muc, teacht ina dhiaidh faoi dhorchadas an tráthnóna i slite diamhra doiléire in aice le Dún Fhíne. Is amhlaidh sin a rinne siad agus rugadar na muca uilig leo. Ghabh Cú Choinnealt an beart ar a dhroim agus a lúireach uime i bhfolach agus a chlaidheamh is a shleá faoina éadaí, agus gach duine a fhiafraíodh den mhucaí : ' Cé hé seo faoin bheart ? ' is é deireadh sé, ' Compánach dom ' agus ' Mucaí eile a fuaireas.' Thángadar i ngar don dúnadh le titim na hoíche. Bhí an mhuintir istigh ag ól is ag aoibhneas agus doras i gcomhair gach fir agus a mhuintir den cheathrar a bhí ann. Tháinig Cú Choinnealt isteach sa bhruíon agus an mucaí leis agus chuir a bheart de ar lár

172

an tí. Shuigh siad síos ar an urlár i measc an lucht friothálmha. Thug an mucaí corn dósan agus d'ól sé deoch mhór agus bhí ag breathnú a eascarad ansin sna ceithre hairde a rabhadar i ndoirse na bruíne. Ansin dúirt sé leis an mhucaí : ' Ní raghadsa amach as an teach seo anocht, ach téigh thusa fá dhéin mo mhuintire, óir is slua meisce meadhar-chaoin míchéillí iad seo ar fad.' Rinne an giolla mar d'ordaigh Cú Choinnealt.

Dada níor mhothaigh lucht na bruíne go dtí gur léim muintir Chú Choinnealt thar na ceithre doirse in éineacht. Gabhadh acu gan mhoill an ceathrar a mharaigh Ceallach, agus maraíodh a n-aos grádha uilig ina bhfianaise. D'fhógraíodar áfach don oireacht gan cor a chur díobh, ach fanacht mar a rabhadar ag ól na fleidhe, óir bhí fhios ag Cú Choinnealt gurbh fhearr leo é féin ná iadsan. Shuigh siad uilig agus chaith an fhleadh an oíche sin. Arna bhárach tugadh aniar leo ar fuaid na tíre an ceathrar sin craplaithe gur shroich siad Durlas Ghuaire agus thar Leac Tuscair is lámh dheas le Muaidh, achar nárbh fhada. Ansin fuarthas ceithre soinn fhada ramhra, agus ciorradh iadsan agus baineadh a mbaill uile díobh agus iad beo agus crochadh a gcolla ansin agus riaghadh iad ionas gurbh é Ard na Riagh ainm an ionaid dá éis—agus dúradh :

> Is ionbhaidh na héachta seo,
> A Chú Choinnealt mhic Eoghain !
> Maol Dá Lua is Maol Cróin ansin,
> Maol Seanaigh is Mac Deoraidh.

173

Oíche uafásach anaibidh
is a gcolla a chrochadh ;
bíodh acu a n-iomrá—
is diongbháil dó an dochar.

Nó go dtige an brách béimeannach
is fada orthu a míchlú ;
a n-anam chun an diabhail,
a riaghadh anseo is ionbhaidh.

I ndiaidh an ceathrar a chrochadh chuaigh Cú Choinnealt roimhe
i dTír Fiachra agus ghabh braighde agus neart na tíre agus mharaigh
mórán dá muintir. Ba mhór a cháil agus clú a oinigh, agus cé
gur mhaith oineach Ghuaire b'fhearr le lucht ealaíon Cú Choinnealt.
Ar aon nós ghabh sé ríghe Ó Amhalaidh is Ó Fiachra, agus
Guaire lena linn i dTír Fiachra Aidhne. D'éirigh cogadh mór
láithreach eatarthu, agus ní bheadh sé furasta a fhaisnéis an méid
d'olc a rinne Cú Choinnealt ar mhuintir Ghuaire de chreacha, de
ghreasa agus de loiscthe, agus is beag nár chuireadar de láthair an
dá oireacht, agus fuílleach an chúige chomh maith.

Is amhlaidh a bhí Geilghéis iníon Ghuaire ina leannán ghrách
do Chú Choinnealt, mar nár thoiligh sí luí le aon fhear eile le grá
dósan. Agus iad ag tuirsiú leath ar leath den chogadh bhí seisean
ag iarraidh a iníne ar Ghuaire agus níorbh áil le Guaire í a
thabhairt dó, ach mar sin féin d'aontaigh sé de bharr impíocha i

gcomhair síochána agus sos cogaidh. Thoiligh Guaire ar an acht go ndéanfadh sé féin an bhainis agus go dtiocfadh Cú Choinnealt go dtí a theach. Ní aontódh Cú Choinnealt go brách leis sin. Ar feadh i bhfad eile bhíodar mar sin ag cur cogaidh ar a chéile, go dtí gurbh éigean do Ghuaire lear mór tearmainn a dhéanamh dá mhuintir uile timpeall Durlais. Nuair a tuirsíodh mar sin iad tugadh Geilghéis do Chú Choinnealt, agus bhíodar go grách le chéile agus móradh clú a n-oinigh ar fuaid Éireann. Ach mar sin féin rinne Guaire cealg. Tháinig sé áit a raibh Ciarán agus a chléirigh, ag iarraidh air dul chuig Cú Choinnealt agus é a thabhairt leis chun síochána a dhéanamh. Gealladh ríghe i mbéal Chiaráin dó, ach go dtiocfadh sé go teach Ghuaire. Ina dhiaidh sin tháinig Ciarán naofa leis an teachtaireacht go dtí an áit a raibh Cú Choinnealt agus bhí ag tathant air gan an ríghe a ligint uaidh, fiú má bhí air taobhú le Guaire. Fós bhí Geilghéis á thathant air, mar bhí fhios aici nach raibh cealg ar siúl ag Ciarán agus shíl sí nach leomhfadh Guaire cealg a imirt ar an naomh. Thoiligh Cú Choinnealt ansin dul in aghaidh a thola in éineacht le Ciarán, mar b'iomaí duine á iarraidh air, agus rinne sé an laoi ann :

> Leisc liom dul sa bhealach
> cé go bhfuil sibh am mhealladh ;
> ach is cóir dom dul siar,
> pillim nó ná pillim aniar.

175

SCÉALAÍOCHT NA RÍTHE

Do chonaiceas aisling olc—
muca mhic Cholmáin am lot ;
is olc dúinne an ní bheas de
má fíortar ann m'aislinge.

Do chonaiceas aisling olc—
muca mhic Cholmáin am lot ;
dá dtigeadh féin mo bhás de
d'fhios na físe ní dhéanfad leisce.

I ndiaidh an laoi sin tháinig Ciarán agus Cú Choinnealt go Durlas Ghuaire. Freastaladh agus friotháileadh ann iad go ceann trí oíche agus rinneadh ceangal agus caradradh idir Guaire agus Cú Choinnealt i bhfianaise Chiaráin. D'fhág Ciarán an baile ansin agus is í comhairle ar ar chinn Guaire go gairid ina dhiaidh sin fionghal a dhéanamh ar a bhráthair is ar a chliamhain. Is mar sin a críochnaíodh an chomhairle le Guaire mac Colmáin i nDurlas Ghuaire, gur básaíodh Cú Choinnealt mac Eoghain Bhéil don chor sin, agus dúradh de[1] :

Fás anocht áitreabh Eoghain
óir is é Dia a dheonaigh,
níor fásaíodh riamh crann ná cloch
ba chómheas ann d'fhásach.

---

[1] Ní raibh an sliocht deiridh próis seo sa bhunscéal, ach scríobhadh isteach ar imeall cheann de na lámhscríbhinní é. Ar ndóigh míníonn an dán a leanann caidé tharla do Mhuireadhach.

CATHRÉIM CHEALLAIGH

Cé easpach áitreabh Eoghain
a fheiceáil mar atá faoi dheolaidh,
mó is dubhach Eoghan gan oil
ar feadh a thaoibh sa talúin.

Ba cheann dea-bhan is deoradh
an laoch-mhílidh gan leonadh,
ba cheann ceithearn agus cliar,
níorbh ionadh cách á chomhriar.

Maith é ag cosaint a charad
is ag déanamh aimhlis eascarad ;
scaipeadh ionmhas go fial d'fhilí,
ní ólfadh coirm i gcúltithe.

Mian leis gáir théad in gach am,
ba bhinn leis gotha gadhar ;
mian leis meidhir ar shluaite fear,
fuath leis ól in uatha.

Tráth rug a mháthair gan léan
ua Ailealla, Eoghan Béal,
d'fháiltigh leis an tsúl-ghorm sheang
béal gach tuaithe ina thimpeall.

Uaidh sin lean Eoghan Béal
ar leannán Chonnacht i gcéin ;
aire gach fhlatha ina leanbh
ar ua Fiachra fholt-fhada.

SCÉALAÍOCHT NA RÍTHE

I gcionn a shé mblian déag
ba leor don mhac a mhéid ;
ní leomhfaí as sin amach
foghail Ó Fiachra ná a gcreach.

A oirgne ar Mhidhe mhic Fhlainn,
a dheas le Ráith bhog Bhréanainn,
a chaoin le Cruachain chliarach,
a eascaoin le hOirialla.

Mian leis Oirialla ána
do shíor-chothú a chána,
agus síol Eoghain a orgain
agus dian-chosc a gcomhardaidh.

Ní hé a bheadh ná a bhí
ní ba chéine ná aon mhí
gan seoladh ar tír nó ar toinn
do chreachadh Chinéil Chonaill.

Níor fhág ann Eoghan an áigh,
thar Eas Rua ina ruaig láin,
bó ag Ultach thiar ná thoir
gan tabhairt leis i gConnachtaibh.

Ach ghabh fearg Clann Néill náir,
líonadh iad le borradh is báidh,
gur oirg siad ó Dhroibéis dhoinn
go Céis choill-choilltigh Chorainn.

CATHRÉIM CHEALLAIGH

Ní raibh Eoghan féin ansin
ach díorma beag dá amhais,
coin is eich is mná málla
in ardbhrú Uí Ailealla.

Na creacha chuige nuair a chí
á gcur thairis sa tslí,
bheir fúthu is théid ina gcionn
mar dhamh dásachtach díleann.

Baintear a gcreach de Chlanna Néill,
gointear ann ua Fiachra féin ;
fuair sé bás ar theacht dá thigh—
fás anocht áitreabh Eoghain.

Is fás áitreabh chaomh Cheallaigh
tar éis a thitim de reanna ;
ó básaíodh mac Eoghain gan acht
titfidh freisin cealla Chonnacht.

Is fás áitreabh Chú Choinnealt
dá dtugadh tuatha trom-shearc ;
a theach mar atá is mór-thrua,
gan mac, gan ua, gan iarmhua.

Doiligh liom onchú Mhuaidhe
do thitim le gus Ghuaire ;
trua an ní a dtarla a spéis,
is dursan é do Gheilghéis.

179

Murarbh é Ciarán ó Chluain
ní bhfaigheadh an oidhe a fuair—
is Bréanainn an chrábhaidh ghlain
is mac Duach gona dhaltaibh.

Níor chuaigh leis an triúr sin
go dtug achar ghá ndiúltú,
go ndearn siad air le déineas,
troscadh agus tréanas.

Is é dúirt Geilghéis fá ghruaidh ghlain
le mac il-dealbhach Eoghain :
' An ndéanfá thusa féin feall
ar oineach ard-naomh Éireann ?

' Dá mbainfeá thusa de Ghuaire
Durlas mín-riascach Mhuaidhe,
ní bheadh ort dul dá thigh
ar oineach naomh ná neimhidh.

' Ní hionann gliceas ná gaois,
ní hionann crógacht ná aois,
ní hionann boige ná báidh
díbhse is do Chlanna Cholmáin.'

' Bíodh go maraítear mé amárach,'
ar Cú Choinnealt comhdhálach,
' raghadsa uaibh, más maith libh,
go teach mhic Colmáin chliaraigh.'

CATHRÉIM CHEALLAIGH

Ghabh siad umpu go gléasta
Cú Choinnealt is na cléirigh,
nó go dtángadar go ceart
go Durlas le Cú Choinnealt.

Cé feargach Ciarán ó Chluain,
cé feartach Bréanainn fá bhuaidh,
níor chlaon mac Colmáin na gcath
don chuire chorp-sheang cléireach.

Ansin a rinneadh an orgain
idir íslibh agus ardaibh,
go bhfuair an Chú an bás ba dual
le clainn chúil-leabhair Cholmáin.

Eascainid é gan fhuireach,
na naoimh sin Guaire goineach ;
mhill siad a bheatha is a bhás,
go bhfuil a phort folamh fás.

SCÉALA CHANO MHIC GHARTNÁIN

Tá iomrá ar an phíosa seo toisc go bhfuil leagan ann den scéal ar ar bunaíodh Tristan agus Isóild. *Is ionann téama dóibh araon : bean óg álainn ina céile ag rí aosta ach í i ngrá le fear óg, agus fá dheireadh an bás coscarthach taismeach nuair atá siad i radharc a chéile.*

I stíl bhriosc ghonta a scríobhadh an scéal seo, dála na scéalta uile as an chuid is sine dár litríocht. Léimeann an cuntas ó phointe go pointe, gan aird ar leanúnachas, agus glactar leis go bhfuil eolas ag an léitheoir ar chúlra agus ar nósmhaireacht litríocht na linne. Má mheasann an léitheoir an t-aistriú seo a bheith lom cnapánach, bíodh fhios aige gur scáile an tsean-téax é. Ní féidir nach raghaidh áille simplíochta agus brón cinniúnach an scéil i bhfeidhm air, áfach.

Dhealródh sé gur baineadh úsáid as fíora staire mar amh-ábhar i gcumadh an scéil seo, ach níl cruinneas staire ag baint leis. Do réir na n-annála fuair Cano bás i 688 : mar sin ní fhéadfadh sé dul go hÉirinn fásta agus é faoi airm le linn Aodháin mhic Ghabhráin (+606). Níor chomhaimsirigh Aodhán agus beirt mhac Aodha Sláine, mar fuair siadsan bás de phláigh i 665. Thairis sin tá an dá iontráil seo in Annála Uladh : *faoi 668,* Navigatio filiorum Gartnait ad Hiberniam cum plebe Sceth *(Scí, an t-oileán ar chósta na hAlban) ; agus faoi 670,* Venit genus Gartnait de Hibernia. *Is cinnte, mar deir Thurneysen, gur bhain Cano leosan. Is ionann* Gartnán *agus* Gartnait *mar ainm. B'fhéidir gur macalla ar an turas sin* Scéala Chano, *nó gur bhunaigh an scéalaí a shaothar ar na hiontrála.*

Níl an téax ar fáil ach i Leabhar Buí Leacáin, *agus tá sé truaillithe ansin, ar chaoi gur rí-dheacair aistriú cruinn a dhéanamh tríd síos. Ba é Kuno Meyer a chuir in eagar é* (Anecdota from Ir. Mss. *I, 1-15) agus Thurneysen a d'aistrigh, go Gearmáinis* (Zeit. für Rom. Phil. *43, 388).*

SCÉALA CHANO MHIC GHARTNÁIN

B HÍ COIMHLINT fá ríghe Alban idir Aodhán mac Gabhráin agus
Gartnán mac Aodha mhic Gabhráin ionas gur thit leath fear
Alban eatarthu i gcatha agus in iorghala. In Inis Mhac Uí Chéin a
chónaigh Gartnán. Is í sin an inis is fearr atá cóirithe in iarthar
domhain : gach teach ó rinn go rinn fán inis uile tógtha ag Gartnán
as stiallacha de iúr dearg, go fiú an leithreas féin. Ba de dhearg-ór
a inis uile de bharr a shaothair. Seacht seisreacha aige don treabh-
adh. Seacht dtréada aige agus seacht bhfichid bó i ngach tréad.
Caoga líon le breith ar fhianna allta agus caoga líon as an inis amach
le haghaidh iascaigh. Caoga téad as na líonta éisc go dtí fuinneoga
na cistiní. Cloigín ar cheann gach téide ar an laindéal os coinne
an reachtaire. Ceathrar ag tarraing na mbradán céadshnámha aníos
dó. Eisean ar feadh an ama ar a tholg ag ól meá.

Rugadh mac do Ghartnán, is é sin Cano mac Gartnáin, agus
tugadh amach ar altrom é. Chuir Gartnán dabhach á fholú i lag
mara agus í lán d'ór agus d'airgead agus mharaigh sé an ceathrar
a d'iompair an t-airgead inti, gur rug an mhuir léi iad agus nárbh
eol d'éinne é ach dó féin agus a bhean agus a mhac. Oíche
gheimhridh amháin áfach tháinig Aodhán chuige, le fiche céad fear,
agus ní dheachaigh as ach a ndeachaigh de rinn ghae agus d'fhaobhar

187

claidhimh, agus i meán lae arna bhárach ní raibh aon dá chrann tí i gcionn a chéile san inis.

'Bíodh mar sin,' ar Cano, 'is fearr dúinn an fear seo a mharaigh ár n-athair a sheachaint. Ní foigse ár gcairdeas dó ná cairdeas an fhir a mharaigh sé.'

'Caidé an treo a raghaimid?' ar a mhuintir.

'Raghaimid go hÉirinn mar is comhbhráithre dúinn iad.'

Fuair sé curaigh déanta agus chuadar chun trá. Is amhlaidh a tháinig an caoga laoch chun na mara : brat corcra cúig-dhiabhalta ar gach duine acu ; dhá shleá chúig-rinne ina láimh ; sciath agus murlán óir air ; claidheamh ór-dhoirn ar a chrios ; a mhong órbhuí thar a mhuin siar. Is amhlaidh a tháinig an caoga ban : brat uaithne fá chorthar airgid ; léine fá dhearg-inleadh óir ; dealga d'ór lán-eagair fá bhreachtraidh geama ildathacha ; muince d'ór fhorloiscthe ; mionn óir ar cheann gach mná acu. An caoga giollaí ansin : ionair de shíoda buí agus airgid umpu ; fichill ar mhuinéal gach giolla maraon le fir óir agus airgid ; tiompán créadha ina láimh chlé ; dhá mhíol-choin ar shlabhra airgid ina láimh dheis.

Bhí mic Aodha Sláine an t-am sin i gcrích Uladh ag bailiú toradh a gceartanna ríoga, [1] mar bhí an bheirt acu i gcomhfhlaithiúnas an tráth sin. I gCollmhaigh i gcrích Uladh a tháinig Cano orthu. Chuir siad fáilte mhór roimhe le trian de bhia, de lionn,

---

[1] Na hearraí agus an freastal a raibh ceart ag rí cúige orthu óna fho-ríthe.

de áitreabh agus de innile. Níor leor d'olc le hAodhán a chloisint cé an fháilte a chuir mic Aodha Sláine roimh Chano ; ba throime ná gach rud leis nárbh eol dó an áit ar fholaigh sé an dabhach. Deirtear áfach go dtáinig Satan go dtí Aodhán gur inis dó an áit a raibh an dabhach agus go dtug sé leis ina chuile é agus nach raibh oiread is cianóg in easnamh air.

'Beidh gach ina cheart,' ar Aodhán, ' is cóir an crodh a thabhairt do mhic Aodha Sláine ar son Cano a mharú.' Chuaigh naonúr siar uaidh agus miach airgid leo go rabhadar i seomra mac Aodha Sláine. Bhí Cano agus a mhuintir i dteach fá leith sa lios. Tharla áfach go raibh iníon Dhiarmada mhic Aodha Sláine i ngrá le Cano ar a iomrá fiú sula dtáinig sé anall, cé go raibh uaisle na hÉireann á hiarraidh féin, agus anois bhí sise i seomra ag taobh tí mhac Aodha.

'Tomhaistear an t-airgead,' ar mic Aodha.

'Déanfar sin duit,' ar na hAlbanaigh.

Chuala an iníon an comhchogar seo. Ghabh sí amach, thóg fleasc ina láimh agus chuaigh ar fhordhoras an leasa. Is ansin díreach a tháinig Cano amach faoi le triúr eile, agus ga i láimh gach fir acu. Labhair sí :

A lua inniu ní fhéadaim,
in Albain ná in Éirinn,
laoch nach ndiongbhann Cano
lena gha geal tanaí.

SCÉALAÍOCHT NA RÍTHE

Ag teacht faoin fhordhoras dó leag sí an tslat ar a cheann agus dúirt :

A Chano,
tá súil ar do shealbhas,
más dochar is mór de,
más sochar is mion é.

agus ansin thug sí buille dó ag teacht amach agus dúirt leis mar d'imigh sé :

Ní faichilleach an tAlbanach
a shiúlann fá lúth a láimhe,
mar tá rud nach bhfeiceann sé,
cumhacht mac Aodha Sláine.

Ní chanaim i modh achasáin
do rí gan éagnach aoire,
mar tá mórán de dhaoine
faoi chíocha na mac Aodha seo.

An scéal a chualas tríd an teach
ní siansa álainn ábhannach,
is trua don té nach gcluineann é,
ní faichilleach an tAlbanach.

' Is rabhadh é sin, a iníon,' ar Cano.
' Más ea féin,' ar sí ' tá a ábhar ann. Táthar ag tomhas airgid ar do mharú sa tseomra úd.'

190

'Tá go maith,' ar sé agus chuaigh ar ais ina theach. 'Más mar sin é, beidh orainn comhairle a ghlacadh.'

'Caidé an scéal seo, a Chano ?' ar a mhuintir leis.

'Ní scéal maith é. Táthar réidh lenár marú, an uile dhuine againn.'

'B'fhéidir gurb é a cinneadh dúinn,' adeir na fir.

'Tá comhairle agam a fhóirfeas dúinn. Ná ligimis do na fir dul sna cúig tithe atá sa lios. Téadh dhá chlaidhmheach déag i ndoras gach tí. Raghaidh mise go dtí na ríthe agus ní ríona a bheas acu ansin.'

'Maith go leor,' ar na fir, 'is fearr dúinn bheith foighdeach.'

'Go maith,' ar sé, 'raghadsa chuig an tseomra féachaint an ligfear isteach mé. Má ligtear, ní marófar mé. Mura ligtear, téigí sibhse agus ligigí amach ar éigin mé.'

Téann sé ansin go doras an tí agus tig duine chun cainte leis.

'Lig isteach é,' ar Diarmaid.

'Taradh sé isteach,' ar Bláthmhac.

Téann sé isteach go socair. Is amhlaidh a bhí an tseiche leis an airgead ar urlár an tí.

'Tar anseo eadrainn,' ar siad.

'Is maith an fáinne seo '—fáinne a athar a bhí ann.

'Beidh sé fá do láimh,' ar Diarmaid.

'Ní bheadh ann ach an ceart dá mbeadh,' ar sé.

'Cé an chaoi más ea ?' ar siad.

'Is scéal trua é maise,' ar sé. 'Chuala sibh trácht ar m'athair. Ba mhian leis soláthar a dhéanamh do mo thodhchaí agus chuir sé dabhach lán d'airgead i bhfolach, ach mar ba threise rath Aodháin fuair sé crodh m'athar agus chuir anseo go hÉirinn é mar dhíolaíocht ar mo mharú libhse.'

'Deirimid an méid seo,' ar Diarmaid, 'cé go dtabharfaí lán an tí go fraitheacha dúinn ní díolfaí thú.'

'Táimid buíoch,' ar sé.

Leis sin téann sé amach. Téann Bláthmhac ina dhiaidh.

'Beidh sásamh agat, a Chano,' ar sé. 'Raghaidh na teachtairí taobh amuigh dár n-oineach ar an fharraige. [1] Téigh thusa ina gcionn is básaigh iad is glac chugat d'airgead féin.'

'Táim buíoch de,' ar Cano.

Téann sé ina dhiaidh sin go dtí a mhuintir. Níonn siadsan cuairt an oileáin ar lorg na dteachtairí, ach is é Cano a bheireann orthu. Léimeann sé isteach sa churach orthu : 'Ag iarraidh teacht aniar aduaidh orm a bhí sibh ?'

'Is dóiche é,' ar siad.

'Ba olc an mhaise díbh fealladh orm. Níl dada sa churach seo nach as tigh m'athar agus mo mháthar a tógadh é.'

'Is fíor duit, a Chano,' ar na fir, 'ach dá mbeadh cumhacht

---

[1] An fhaid a bhí na teachtairí in Éirinn bhí siad ar oineach an bheirt rí agus bhí ceangal ar na ríthe iad a chosaint, ach an uair a bhí siad ar an fharraige faid áirithe ó thalamh bhí deireadh leis an chonradh onóra seo.

na tíre agatsa bheimis faoi do réirse. Is é an rud is fearr duit a dhéanamh anois, d'airgead féin a choinneáil agus sinne a ligint abhaile.'

' Sin mar a dhéanfad,' ar sé. ' Imígí libh.'

'Cad chuige seo, a Chano,' ar a mhuintir.

' Dar mo chumhachtsa,' ar sé, ' ní tabharfar ar shiúl cianóg as an churach seo. Má bhí an t-airgead i ndán dom, is agamsa a bheas a chaitheamh.'

' Táimid buíoch de,' ar na fir.

' Tógaigí libh é.'

Le sin tháinig sé ar ais chun tíre.

' Go maith,' ar Diarmaid. Bhí fáistine ó Dhia aige gur tugadh luach na foighde a rinne Cano ar an fharraige agus go mbeadh ríghe Alban aige ar feadh cheithre bliana fichead tar éis Aodháin. ' Go maith,' ar Diarmaid, ' cuirigí fáilte roimh an fhear a thig chugaibh.' Go ceann dhá lá ina dhiaidh sin níor scaoil siad crios ná dealg díobh.

' Beannacht ar chách a ní maith linn,' ar Cano ansin. ' Téimis a chodladh.'

Seo an chomhairle a lean siad : D'imigh siad i rith na hoíche go dtáinig siad ó dheas thar Mhaigh Muirtheimhne go Cearna i Máigh Breá. Bhí ealaí ar an tulach ann.

' Lámhaigh na héin,' ar a mhuintir le Cano.

SCÉALAÍOCHT NA RÍTHE

Chaith sé urchar leo, ach níor aimsigh iad. Is ansin a dúirt sé, óir níor theilg sé iomrall riamh :

Ealaí Chearna cé gur scanraíos
le mo chloich ní maith a d'aimsíos ;
brónach iadsan de na hurchair,
brónach mise de na hiomraill.

Chuadar siar arna bhárach go Loch Ainninn.
' Caith leis an lachain,' ar cách leis ansin, ach is é dúirt seisean :

A lachain
Loch Ainninne ní chaithfinn,
mar nach amhlaidh inniu don té
a d'ionsaigh na healaí inné.

Óir ní bhásód éin Mhic Dé,
lachain an chlúimh gheal réidh,
mar i méid is beag a dtairbhe
is fágfad a mbeo ag an scuaine.

Ní bhásód éin an mhachaire,
ní hiad a dhófas mo thine,
ní hé a thug ó Scí mé
chur cogaidh ar ealaí Chearna.

Ina dhiaidh sin chuaigh siad thar Sionainn i gConnachta ag triall ar Ghuaire, agus tháinig siad go teach Mharcáin, a raibh

194

SCÉALA CHANO MHIC GHARTNÁIN

Créadh, iníon Ghuaire, mar mhnaoi aige. Bhí sise i ngrá le Cano fiú sula dtáinig sé trasna anoir, agus anois dúirt sí :

> Cano mac Ghartnáin ó Scí
> is Créadh i Maonmhaigh na háine,
> fairíor is mór de thalamh
> agus de mhuir á scaradh.

> Créadh iníon Ghuaire dá mba luachmhar
> ba chaol an fharraige fhuafar,
> is mac Ghartnáin an t-óglach
> rachadh gan mhoill dá tochmharc.

Roimhe sin chaomhnaigh seisean a baile tráth a ndeachaigh sé le Diarmaid ag tabhairt catha do Ghuaire.[1]

'Gabh sa lios, a ghiolla,' ar Cano, 'agus iarr coimirce ar Chréadh dúinn go dtí go dtéimid fhaid le Guaire.' Ba ansin freisin a dúirt sé :

> Beirse beannacht uaimse
> go Créidh inín Ghuaire ;
> inis na ranna seo di
> is gheobhad a gcothrom uaithi.

'Is duitse a bheirtear na ranna seo, a Chréadh,' ar Colgain mac Mharcáin, agus dúirt sí leis :

---

[1]Cath Cairn Chonaill, a bhuaigh Diarmaid ar Ghuaire sa bhliain 649 agus a bhfuil scéal an teidil sin bunaithe air.

SCÉALAÍOCHT NA RÍTHE

A Cholgain,
beag do fhios cé fáth mo liachta,
mo shearc do thugas d'óglach
nach fogas dom a theaghlach.

' Is fíor a gcanann tú,' ar Marcán ; ní hé Colgain do leannán
mar is de mhuintir an tí seo eisean.[1] Labhair sise ansin :

A Mharcáin,
ní bheidh tú d'éis do mhacáin ;
ní hé do mhacán a gheobhas mé
go dtí tar éis do bháis-se ;
de sheirc duine i dtír Éireann
ní chaoinim thar a chéile ;
mairg ise atá in éagmais Chano
is gur di is cara Colgain.

Níos moille arís cuireadh ina leith go raibh sí mór le Colgain,
agus sin an uair a dúirt Guaire féin lena ndreasú i gcoinne a chéile :

Créadh le Marcán—ní haon mhaicín—
níor ghlac le grá ó Cholgain :
ní mhillfidh Créadh a féile
ach ar son an aon-chéile.[2]

---

[1] Is é sin nár chóir don mhac bheith ag suirí lena leas-mháthair.
[2] Cano atá i gceist do réir dealraimh.

SCÉALA CHANO MHIC GHARTNÁIN

Chuaigh Cano agus a mhuintir ansin go Durlas Ghuaire, agus bhí Guaire féin go fáilteach rompu :

' Sé do bheatha, a Chano,' ar sé, ' ní díolfar anseo thú ar airgead nuair a táthar bréan de do chothú. Ní scéal mac Aodha Sláine a bheas anseo. Beidh agat bia agus coimirce agus fearadh na fáilte.'

Ina dhiaidh sin bhí Cano ráithe i bhfochair Ghuaire. Bhí trian an leasa ag Guaire, trian ag Cano agus an trian eile ag Seanchán Toirpéist, file Ghuaire agus fear Éireann uile.

Fear beag trua é Seanchán, a bhíodh clúdaithe le ' cairt ' olla i gcónaí le teas a choinneáil ann. Ní chaitheadh sé ach ceathrú bairíne in imeacht dhá lá. Bríd Bhratbhrú, a chailleach-san, chaitheadh sise trí cheathrú den bhairín. Ba mhór a brú dar leis-sean, agus mar sin ba é Bríd Bhratbhrú a thugadh sé uirthi i gcónaí. Is mór an freastal a theastaíodh uaidhsean.

Uair amháin chuaigh Bríd ar thuras agus d'fhág sí cailín le freastal air. Ba chailín dóighiúil í. Tháinig sí meán lae arna bhárach á fhriothálamh. Agus í ag teacht as an chistin scairt sé, ' Ná tar, ná tar, a bhean. Tá mé níos sine ná tusa. Chonaic mise do shean-mháthair. Bhí iongain loiscthe ar a hordóig chlé. Tiocfaidh masmas orm má thig tú níos comhgaraí.'

Rinne sé dán uair eile do Dhiarmaid mac Aodha Sláine.

' Téigh, a ghiolla,' ar sé, ' leis an dán seo go rí Éireann.' Téann seisean soir agus gabhann sé an dán.

'Is maith an dán é,' ar Diarmaid. Is amhlaidh a bhí sé ag sníomh laincise dá chapall, Grib. 'Beir leat an iodh seo go Seanchán,' a deir sé. D'imigh an giolla siar agus ní buíoch a bhí sé.

'Seo dhuit, a bhachlaigh,' ar sé, 'an laincis i nduais do dháin.'

'A ghiolla,' ar seisean, 'ó ríthe is fearr laincis ná do mhian féin.'

Ansin deir sé arís :

'Téigh, a ghiolla, leis an dán seo go rí Éireann.'

Gabhann an giolla an dán.

'Go maith,' ar Diarmaid, 'beir leat an tsleá seo go Seanchán.'

'Seo duit, a ainniseoir bhocht,' ar an giolla, 'arm ó Dhiarmaid mar mhagadh fút.'

'Téigh, a ghiolla, le dán go Diarmaid. Is maith an dán é.'

Tógann an giolla é.

'Cá háit a bhfuil Diarmaid ? '

'Tá sé ina aireagal féin ag cuntas óir is airgid. Ba chóir duit dul chuige.'

'Oscail,' ar an giolla.

'Cé tá ann ? ' ar Diarmaid.

'Giolla Sheancháin.' Gabhann sé an dán ansin.

'Is maith é,' ar Diarmaid. 'Beir leat go Seanchán céad uinge de dhearg-ór agus trí fichid d'airgead duit féin.'

'Anois, a ghiolla,' ar Seanchán, 'caidé an rud a chuireann lúcháir ort don chor seo.'

'Tá rud maith anseo duit,' ar an giolla, 'mar atá, céad uinge de dhearg-ór.'

'Is fearr sin ná bheith ag cur oilc air. Téigh anois, a ghiolla, le dán go Diarmaid.'

'Raghad,' ar sé.

'Cá háit a bhfuil Diarmaid ?'

'Tá sé imithe amach ag seilg.' Chuaigh an giolla ina dhiaidh sa tsliabh. D'imigh na fir sa tóir ar an fhia sa ghleann agus d'fhan Diarmaid siar i measc a chuid each. D'aithin an giolla é agus tháinig fhaid leis idir na heich. Ghabh sé an dán dó ansin.

'Go maith,' a deir Diarmaid. 'Beir leat go Seanchán tríocha each fána sriain agus a muincí.'

Ba mhaith an fear é Seanchán. Ó Chúige Mumhan a tugadh é fhaid le Sliabh Eachtgha go Guaire, ach níor thoiligh sé dul ach ar an choinníoll go dtógfaí teach amháin uime féin agus um an tslí ar fad ó Eachtgha go Durlas, go mbeadh caoga fear, caoga ban, caoga con agus caoga giollaí aige, agus go ndéanfaí freastal air ó Shamhain go Bealtaine. Ansin chuaigh sé ar an bhealach. Le linn an turais thit braon báistí ar a éadan.

'Fairíor,' ar sé, 'ní cóir é sin. Sin anfa agus tintreach geimhridh.' Thóg sé abscóid ar a éadan, agus mar éiric b'éigean seacht gcumhala a thabhairt dó i gcomhair gach páirce ó sin go Durlas.

'Maith go leor,' ar Seanchán, 'ach dar liom is iomarcach ar

199

thóg tú ort féin. Ba leor do Chonnachta an bheirt againne bheith d'ualach orthu, gan duine eile a thabhairt chugainn. An giolla trioblóideach sin, mac Ghartnáin, d'fhéadfadh sé féin agus a chomhrádaithe dul amach fán tír lena gcoin bhreátha agus spórt a dhéanamh dóibh féin ansin.'

Sin mar tharla ó mheán lae amháin go meán lae arna bhárach. Ón uair a scaoil siad na coin níor casadh aon bheirt acu le chéile. [1] D'éirigh siad tuirseach de sin agus ba é a dheireadh gur fhág siad slán ag Guaire.

'Ceart go leor,' ar Guaire, 'tuigim cé an fáth a bhfuil sibh feargach liom.'

'Nílimid,' ar Cano, 'ach is mian linn tamall a chaitheamh le pléisiúr, cuairt na hÉireann a dhéanamh go bhfeicimid a diongnaí is a dúnta, a cealla is a caomha. Is chugatsa a fhillfimid agus uaitse a imeoimid arís. Deirtear linn go bhfuil fear iontach sa deisceart le fír Mhumhan, mar atá, Iollann mac Scanláin de Chorca Laighe, agus ba mhaith linn dul chun cainte leis.'

'Taraigí, mar sin,' ar Guaire, 'go gcaithidh sibh fleadh na hoíche liomsa.'

Chuaigh siad chuige ansin, agus tháinig maithe Chonnacht ann le slán a chur leo. Tháinig Créadh agus Marcán agus Colgain chuig an fhéasta agus ba ghá ceathrar d'fhir Mharcáin le Créadh a

---

[1] trí dhraíocht Sheancháin, b'fhéidir.

choimeád. D'achainigh sí ar Ghuaire go mba ise a dhéanfadh an dáiliú ar fhir Alban agus Chonnacht an oíche sin. Ansin chuir sí briocht suain ar an tslua ionas gur thit siad uilig ina gcodladh ach amháin ise agus Cano.[1] Tháinig sí chuige agus luigh ar an tolg taobh leis agus bhí ag tathant air í a thabhairt leis. Níor thoiligh seisean ar sin a dhéanamh di fhaid a bheadh sé ina amhas thar lear, ach gheall sé dá bhfaigheadh sé ríghe Alban go gcuirfeadh sé fios uirthi agus gurbh ise a d'fhanfadh mar mhnaoi aige choíche.

Ag imeacht dó d'fhág sé aici a liag ina urrús lena philleadh, mar dúirt sé gur sa liag sin a bhí a anam. A mháthair a bhí i luí seolta tráth. Bhí sí ina codladh agus chonaic sí an bheirt bhan sí ag teacht chuici agus a anam ag dul as a béal féin i riocht líge. Sciob sí as láimh duine de na mná sí í. ' A bhean,' ar sise, ' is é anam do mhic a thóg tú leat.' ' Choinnigh mo mháthair í go raibh mé féin in ann a coinneáil.'

' Fág agamsa í mar gheall lenár gcoinne,' ar Créadh. Mar sin a rinneadh. Fágadh an liag aicise, agus chuile lá thógadh sí as an mhála í is deireadh :

A liag
a fhéachaim gach lá,
b'fhearr liom mo bhás ná do mhionú
dá dteipfeadh sé féin fánar gheall dom.

---

[1] Sa deoch a chuir sí an briocht suain.

Chuaigh Cano ar aghaidh go hIollann mac Scanláin ag Dún Baithe. Dúradh leis ansin go raibh siad amuigh ar an fhaiche : 'Fáilte romhat,' ar Iollann. 'Seo Cano mac Ghartnáin ag teacht chugam i ndiaidh a bhrath agus a dhíol ar airgead ag mic Aodha Sláine agus i ndiaidh a thabhairt don ghorta ag Guaire. Ach beidh bia anseo agaibh. Ní bheidh oraibh dul amach ar an bhóthar ná ní díolfar ar airgead sibh.'

Glaoitear an reachtaire chuige ansin :

'Na seacht gcoirí atá sa lios le bia a bheiriú, ná tógtar den tine iad go ceann bliana. Tabhair na fir sa teach go ceann dhá lá. Ní raghaidh mise chun labhairt leo lena linn sin, ach friotháiltear de bhia agus de lionn iad.'

Glaoitear Corca Laighe chuige :

'Is maith mar atá,' ar sé, 'tá cuideachta tábhachtach tar éis teacht chugam. Caidé an cineál cabhrach a bhéarfaidh sibh dom.'

'Gheobhaidh tú cabhair mhaith uainn,' ar na fir, 'soláthróimid duit gach tráthnóna trí daimh, trí muca saillte agus trí dabhacha leanna, ná ní bainfear ruainne den chíos a dlitear duit de ghnáth.'

'Mo bheannacht ar an tuaith agus an chineál a deir sin,' ar sé, 'agus tusa, a bhean, caidé iarrfaidh mé d'impí ortsa ? Is cóir rud fiúntach a iarraidh ort, óir níl tú gan mhaoin. Tá seacht dtréada agat, agus seacht bhfichid bó i gach tréad, agus seacht seisreacha.'

'Athaigh agus bachlaigh a chaitheann sin uilig,' ar sise, 'ach déanfaidh trí thréad gnó le riar dóibh.'

' Beannacht ar an té a deir sin. Is fearrde mo mheanma é. Anois raghaidh mé chun cainte leis na cuairteoirí.'

Téann sé chucu ina dhiaidh sin agus fearann fáilte mhór rompu.

' Beannacht ar an té a dtángamar chuige,' ar Cano. ' Íocfaidh Dia dár gcionn, mar ní íocfaidh sinne.'

' Cad is áil libh a dhéanamh ? ' ar Iollann.

' Dul ag iarraidh ár gcoda.'

' Dar mo chumhachtasa,' ar sé, ' le do shaol ní raghaidh tú as an lios seo ar lorg bídh go dtéann tú i ríghe Alban.'

Trí bliana a d'fhan siad sa lios sin gan teacht as i gcomhair aíochta aon oíche. Bhíodh Cano agus Iollann ag imirt fichille gach lá. Comh-thréan a bhídís go dtí an tráthnóna, ach ansin bhuadh Cano cluiche an tráthnóna ar Iollann.

' Is eagal liom go dtiocfaidh ídiú ar an choill,' ar Iollann lá amháin. Níorbh ionadh sin is go dtugtaí isteach céad go leith de chuaileacha maidin agus faothain. Ba ansin a dúirt Cano :

An choill sin,
ós leat is ionmhain,
ní uirthese a thiocfaidh críonadh,
ach is tú féin i dtús a sínfear.

' Ní thabharfaidh mé aon aird air sin,' ar Iollann.

Ina dhiaidh sin tugadh ann gialla fear Alban. Naonúr acu a bhí ann, a tháinig go teach Iollainn in urrús ar cheart Chano do ríghe Alban, agus fágadh ag Iollann iad. Ar feadh dhá lá roimh imeacht do Chano ní raibh aon bheirt de mhuintir Chano is Iollainn tamall ar bith le chéile gan éagnach is deora agus lámh gach duine acu thar bhráid a chéile.

'Bíodh mar sin, a Chano,' ar Iollann, 'beidh mise marbh roimh cheann na bliana tar éis d'imeachta. Maidir leat féin, ar choimirce Dé go raibh tú roimh cheann na bliana.'

Thug Cano leis ó Iollann caoga each dúghlas, caoga coirí umha agus caoga srian each. Bliain ón lá sin mharaigh lucht a thuaithe féin Iollann, mar bhí, mac Connaidh agus Cuan mac Sanaise, agus níor fágadh aon dá chuaille de Dhún Baithe le chéile arna bhárach. Ar an lá sin bhí Cano i gcurach ar an fharraige ag iascaireacht, agus é i ndiaidh ríghe Alban a ghabháil cheana féin. Fuair sé tuar toinne, is é sin fís toinne, ionas go bhfaca an tonn dearg-rua sa churach isteach chuige, fuil Iollainn. D'éirigh sé ansin agus ghread a dhá bhois ar a chéile go raibh srutha fola astu, agus labhair sé :

A Bhuach [1]
ar a gcaitear an tonn le bruach,
Iollann mac Scanláin do ghoin,
ní hé is comhartha ionmhain.

A Bhuach
ar a scaiptear an tonn le bruach,
is léir domsa i bhfad i gcéin
Iollann mac Scanláin tá faon.

---

[1] ainm trá ar Scí, ceaptar.

SCÉALA CHANO MHIC GHARTNÁIN

A Bhuach
ar a dtig an tonn le bruach,
brónach dúinne an scéal garbh,
Iollann mac Scanláin is marbh.

Ard an nuall
a éiríonn as Coire Dhá Rua,
dubhach, a Rí, a ghluaiseann grian,
ní sámh domsa uaidh i gcéin.

Coire Dhá Rua an ró-ghlas,
soitheach sruthach sean-bhras,
is mór a bhruitheas a chlais
cé nach bruite an ní a bheirbheas.

Dá mba liomsa tiarnas na dtonn
a scaipeann fán choire anonn,
bhéarfadh mo churachán, is glé,
go tír Chorca Laighe ó dheas mé.

A Chuain mhic Shanaise,
feasta bí socair de,
is rún dom goin do chnis
toisc an éachta a rinnis.

A mhic Connaidh na sleá glas,
do ghníomh rinnis go ró-phras,
má chonaic tusa Iollann á ghoin
fainic díoltas a chairde-sean.

205

Fir Éireann ó thrá go trá,
tá deireadh lena n-iomarbhá[1];
ní bheidh caill is mó dá ndáil
i ndiaidh Iollainn mhic Scanláin.

Eas Ghabhra
fána siúladh slua amhra,
a eallach seasc cé go maireann,
Eas Ghabhra ní fheicfidh Iollann.

Dún Baithe
faoi stiúrú Iollainn,
ba saibhir i bhfeoil is i lionn,
ba áitreabh laoch agus maighdean.

A shneachta na fuaire,
i nDún Baithe níor shámh duit,
níor mhór do thábhacht, a fhir bháin,
ar thaobh tí mhic Scanláin. . . .[2]

Ina dhiaidh sin chuaigh Saxain is Breatanaigh is fir Alban in éineacht leis gur ionsaigh sé Corca Laighe. Maraíodh leis mac Connaidh agus Cuan mac Sanaise fána lucht fineachais, agus ní tháinig sé as críoch Chorca Laighe gur chuir sé mac Iollainn in ardríghe ann agus gur fhág sé Dún Baithe cóirithe mar a bhí le linn beatha Iollainn, idir bha is dhaimh is eich is áitreabh. Thairis

---

[1] Is é sin, ní foláir nó tá taithí na troda imithe uathu nó bheadh díoltas bainte amach cheana acu.
[2] Tá dhá bhéarsa eile ann ach iad chomh truaillithe nach féidir iad a aistriú.

sin thug sé leis gialla de Chorca Laighe mar urrús do mhac
Iollainn ann.

Bhí sé i ríghe Alban as sin amach, agus is san am sin a ba
ghnáthach leis a rá. . . .[1]

Lena linn sin bhí coinne socraithe aige le Créadh ag Inbhear
Colptha[2] i gceann bliana. Gach lá áfach bhíodh Colgain mac
Marcáin san áit sin le céad laoch. Is é deireadh sise ansin :

> Dar le fear a bíos i gcéin
> Inbhear Cinnbheara[3] is réidh,
> don té nár bhreathnaigh cheana
> is réidh Inbhear Cinnbheara.

Ag Loch Créidhe sa tuaisceart a rinne siad coinne fá dheireadh.
Chuaigh sise ó thuaidh agus an liag léi. Tháinig seisean anoir
ina long go dtí go raibh siad i radharc a chéile. Ansin, dhruid trí
longa[4] i ngar dó agus thug ionsaí marfach air ionas gur ar éigin
a d'éalaigh sé as an long. Nuair a chonaic sise a ghnúis san
fharraige chaith sí í féin le faill, agus rinneadh bruar dá ceann ar
charraig agus scoilteadh an liag faoina corp. Fuair seisean bás
naoi lá ina dhiaidh tar éis pilleadh soir go hAlbain dó.

Scéal Chano mhic Ghartnáin agus Chréidhe iníne Ghuaire ansin.

---

[1]Anseo tá dán dhá cheathrúin déag ag cur síos ar na coirmeacha a óltaí
in áiteacha éagsúla in Éirinn agus i measc Saxan agus Cruithneach. Is
deacair a fheiceáil caidé an bhaint atá aige leis an scéal.
[2]Béal na Bóinne.
[3]Do réir dealraimh béal na Bóinne atá i gceist nó áit comhgarach dó.
[4]Níl sé soiléir an muintir Cholgain nó foghlaithe mara a d'ionsaigh é.

CATH ALMHAINE

Is mar scéal a bhfuil bonn staire leis a hinstear an scéal seo, ach ní dócha ar chor ar bith gur scéal staire é. Tá trácht sna hannála ar Chath Almhaine, gan amhras, faoin bhliain 718, cath inar bhuaigh Donchadh, rí Laighean, ar Fheargal, rí na hÉireann. Tá an scéal ar fad le fáil faoin bhliain 722 in Three Fragments of Annals *a chuir Dubhaltach Mac Firbhisigh le chéile agus a cuireadh in eagar ag Seán Ó Donnabháin. Do réir an chuntais sin ba iarracht é ag Uí Néill an Bóramha a thobhach ó na Laighnigh. Cuireadh na pearsain sin agus an cath a luaitear sna hannála in oiriúint don scéal seo le cuma na fírinne a chur air.*

Is mó de aiteacht ná de fhiúntas litríochta atá ag baint leis an scéal. Scéal iontais é gurb iad tréithe an tsí-scéil shamhlaíochta is láidre bhaineann leis. An rud is mó is ábhar spéise ann ceann an duine mhairbh ag labhairt, cleas liteartha atá coitianta go leor : féach an ceann a labhrann i ndráma Shakespeare, Macbeth ; *tá go leor samplaí eile i litríocht na Gaeilge.*

Meán-Ghaeilge déanach go leor atá i mbun-téax an scéil. Cuireadh i gcló é ag Whitley Stokes *i* Rev. Celt. *24, 44-66, as an téax i* Leabhar Buí Leacáin *agus* Leabhar Fearmaighe.

CATH ALMHAINE

Bhí COGADH mór ar feadh tréimhse fada idir Chathal mac Finghuine, rí Leath Mhogha, agus Feargal mac Maoldúin, rí Leath Choinn. Creachadh Laighin le Feargal mac Maoldúin le holc ar Chathal mac Finghuine agus chreach Cathal mac Finghuine ansin Máigh Bhreá uile. Rinne siad sa deireadh síocháin agus sos cogaidh.

Tháinig Feargal aduaidh uair amháin agus fir an tuaiscirt ina theannta chun bóramha a bhaint de Laighin. Is fada a bhí an tionól sin á dhéanamh ag Feargal. Is é deireadh gach fear leis : ' Má théann Donn Bó leat, raghadsa leat.'

Mac baintrí ab ea an Donn Bó seo agus níor chaith sé lá ná oíche riamh amuigh as teach a mháthar go dtí sin. Ba é Donn Bó an mac ba dheise agus ba áille agus ba chaoimhe bhí in Éirinn. Ní raibh in Éirinn uile duine ba shéimhe ná ba chróga ná é ; ba é ab fhearr ar domhan chun rannta magaidh a dhéanamh agus chun na mórscéalta a insint agus ba é ab fhearr, freisin, ag oiliúint each agus ag cóiriú sleá agus ag fí foilt, agus dob fhearr aigne agus oineach.

Ní ligfeadh a mháthair do Dhonn Bó dul in éineacht le Feargal go dtugadh Feargal baránta Cholm Cille air go bhfillfeadh sé slán abhaile. Tugadh an baránta sin di.

Chuaigh Feargal ansin d'ionsaí Laighean. Bhí droch-eolaigh, ámh, aige agus thug siad ar strae é trí aimhréidh na críche uile. Is é conair thug na heolaigh sa deireadh é go Cluain Dobhail in Almhain. Shuíodar longfort san áit sin le taobh na cille ann agus thugadar droch-íde don chill. Bhí clamh ina chónaí ann agus bó amháin aige. Tháinig siad agus bhain siad an ceann dá theach, mharaigh siad an aon-bhó agus bhruith siad ar bheara iarainn í, agus tugadh fobha le ga faoi féin go ndeachaigh an ga trína bhrat.

Dúirt an clamh leo go mbainfeadh Dia díoltas go brách de Uí Néill as ucht an ghnímh sin. Chuaigh sé ansin chuig pubaill Fheargail agus bhí ríthe Leath Choinn ar fad roimhe ag doras na puible. Thosaigh an clamh ag éagaoineadh leo a imní ina bhfianaise ach níor bogadh croí duine ar bith acu ón éagaoineadh sin ach croí Chú Bhreatan mhic Aonghusa, rí Fear Rois, amháin, agus níorbh aithreach le Cú Bhreatan a ndearna sé, mar níor tháinig beo de na ríthe bhí sa phubaill an lá sin as an chath ach Cú Bhreatan mac Aonghusa amháin.

Is ansin adúirt Cú Bhreatan mac Aonghusa, Rí Fear Rois :

Is eagal liom an cath áirdhearg,
a fhir na gaile, gidh téim ina chionn,
is brónach muintir Mhic Mhuire
iar ngabháil an tí os a gcionn.

CATH ALMHAINE

Bó an chlaimh,
maraíodh í i ndiaidh an daimh ;
mairg don láimh a tholl a bhrat
roimh theacht sa chath le mac Bhrain.

Dá mba mise neach a bhéarfadh cath
ar maidin fíochmhar do mhac Bhrain,
measa liom ioná an cath
an chaoi a chan an clamh.

Is ansin a labhair Feargal le Donn Bó an oíche sarar tugadh an cath.

'Seinn thusa ceol anocht dúinn, a Dhonn Bó,' ar seisean.

Mar ba é Donn Bó an ceoltóir ab fhearr dá raibh in Éirinn pé acu le linn scéalaíochta nó ag gabháil rannta dhó nó ag seinnt ar na píobaí nó ar ghléas ar bith ceoil. Arsa Donn Bó :

'Ní fhéadaimse focal a chur as mo bhéal anocht,' ar seisean. 'Seinneadh duine éigin eile dhuit anocht. Ach san oíche amárach, pé áit a mbeidh tú, déanfadsa ceol duit. Seinneadh Ua Maighlinne anocht dúinn, óir is é rí-dhruth Éireann é.'

Rinneadh amhlaidh sin an oíche sin. Tugadh Ua Maighlinne chucu agus thosaigh seisean ar a ríomh dóibh catha agus comhlanna Leath Choinn leis na Laighnigh, ó thoghail Tuaim Teanbhadh, is é sin Dinn Rí, áit ar maraíodh Cobhthach Caolbhreá, i leith go dtí an aimsir sin. Ba bheag an codladh a rinne muintir Fheargail an

213

oíche sin ón eagla mhór a bhí orthu roimh na Laighnigh agus ó mhéid na doininne mar is é oíche Fhéile Finín sa gheimhreadh a bhí ann.

Lá arna bhárach chruinnigh na Laighnigh go Cruachan Chlaonta, mar níorbh fhéidir an bhuaidh fháil ar na Laighnigh dá mba ann a thionólfaidís a gcomhairle agus dá mba as an áit sin a raghaidís amach chun an chatha. Ghluaiseadar as sin go Dinn Chanainn.

Tháinig Leath Choinn agus na Laighnigh ansin in aghaidh a chéile agus tugadh eatarthu ann an cath agus an coimheascar is fíochmhaire a fearadh in Éirinn riamh. Ba an-tréan fearúil mar tugadh an gleo nimhneach naimhdeach ann. Ba iomaí mac rí agus mac taoisigh agus mac uasail agus tánaiste flatha féin agus saorchlanna dea-chinéil a fágadh gan anam. Is buíoch a bhí Badhbh bhiorach bhéalshalach agus is dubhach a bhí máithreacha ag gol agus ag caoineadh na saorchlanna i ndiaidh an chatha sin.

Níor fhan meanma Cholm Cille le Uí Néill chun fóirithint orthu sa chath sin ar bhfeiscint dóibh Bríd, ag foluain os cionn sluaite Laighean ag cur sceoin i muintir Leath Choinn, agus ba le amharc Bhríde amhlaidh sin a briseadh an cath ar Fheargal agus ar Leath Choinn le Murchadh mac Bhrain, rí Laighean, agus le Aodh, rí dheisceart Laighean. Is é an tAodh sin a mharaigh Feargal agus Buan mac Bhaile, rí Alban. Níor maraíodh Feargal, ámh, nó gur thit Donn Bó roimhe á chosaint. Tá, go deimhin, Cnoc Feargail agus Brí Bhuain mhic Bhaile, rí Alban, ansin fós.

CATH ALMHAINE

Seasca ar chéad a maraíodh ann d'amhsanna an rí, mar atá Conall Meann, rí Chinéil Chairbre, agus Forbhasach, rí Chinéil Bhoghaine, agus Feargal ua Aitheachtaigh agus Feargal mac Eochaidh Leamhna, rí Thamhnaighe, agus Connalach mac Conaing agus Éigneach mac Olchon, rí na nAirthear, Coibhdeanach mac Fiachrach agus Muirgheas mac Conaill, Leathaitheach mac Concarad agus Aodhgán ua Mathghamhna, Nuadha mac Eairc, rí Gall, agus deichniúr de shíol Mhaoil Fithrigh. Is iad siúd ríthe an tuaiscirt a thit sa chath sin.

Agus mar seo adúirt Nuadha ua Lomthuile :

I meán lae Almhaine
sa troid fá bha Bhreá-mhuine
do lig Badhbh bhéal-dearg bhiorach
scread um cheann Fheargail.

Scar Murchadh le mílaochas,
neartaigh le tréinfhir ar talamh,
d'iompaigh faobhar ar Fheargal
le féinn díoscair deas-Almhaine.

D'éag céad ruireach rathach
agus céad cosantóir creachach
mar aon le naoi ngealta gan míne
agus seacht míle fear n-armach.

215

Ar an tríú lá de mhí na Nollag do réir laethe na míosa agus Dé Máirt do réir laethe na seachtaine a tugadh Cath Almhaine.

Gabhadh ua Maighlinne, an cháinte, ag na Laighnigh ansin agus chuireadar d'fhiachaibh air 'géim cháinte' a ligean as. Ba ard an ghéim é agus ba bhinn agus is de sin atá 'géim Uí Mhaighlinne' mar nath ag a lán d'fhearaibh Éireann ó shoin i leith. Deir eolaigh áirithe go raibh géim Uí Mhaighlinne san aer ina dhiaidh sin go ceann trí tráth. Is uaidh sin atá an rá : 'Géim Uí Mhaighlinne ag cur ruaig ar na fir sa mhónaidh.'

Is ansin adúirt laoch maith áirithe de Connachta lena chlann mhac :

'Ná fágaigí mé, a mhaca,' ar sé, 'ba mhóide gean bhur máthar díbh má thugann sibh mise libh.'

Druideann siad chuige ansin agus tugann siad leo é ar chranna a sleá.

'Ní thógfaidh siad thú,' arsa na Laighnigh, agus is ansin a maraíodh Aodh Laighean, rí Ua Máine.

Ba bhuach an lá ag na Laighnigh é agus ní bhfuair anacal uathu ach Cú Bhreatan mac Aonghusa amháin, rí Fear Rois, ar na ranna a rinne sé an oíche roimhe sin.

Bhí na Laighnigh ag ól agus ag ragairne an oíche sin agus dúirt rí Laighean, Murchadh mac Bhrain, le duine den slua a bhí sa teach, dul amach agus ceann duine a thabhairt chuige ó pháirc an áir agus dúirt sé go dtabharfadh sé seacht gcumhala bó don té a

216

raghadh á lorg.

'Raghadsa ann,' arsa Baothghalach, óglach uasal de shlua na Mumhan.

D'imigh sé amach agus a éide catha agus comhlann uime go dtáinig sé don áit a raibh corp Fheargail. Is ansin a chuala sé an chaint ag an ghuth san aer agus chuala gach uile dhuine chomh maith leis é :

'hOrdaíodh ó neamh díbh seinnt do bhur dtiarna anocht, do Fheargal mac Maoldúin. Gidh go bhfuil sibh uile, in bhur bhfilí, tar éis titim anseo in éineacht leis, ná coisceadh an eagla ná an anbhainne sibh ar cheol a dhéanamh dó anocht.'

Chualadar ansin na ceolta éagsúla dá seinnt, idir cheol filí, ceol cornairí, ceol píbe agus ceol cruite agus chuala Baothghalach iad agus níor chuala sé riamh roimhe ná ina dhiaidh sin ceol ab fhearr ná é. Chuala sé an guth ansin amach as lár sop luachra agus ba bhinne ceol an ghutha sin ná ceolta an domhain. Chuaigh Baothghalach anonn chuig an sop luachra.

'Ná tair níos gaire dhom,' arsa an ceann leis amach as an sop.

'Cé thusa,' arsa an t-óglach, 'agus conas atá agat ?'

'Mise Donn Bó,' arsa an ceann. 'Ceanglaíodh orm ceol a dhéanamh dom thiarna, Feargal, anocht. Níor ceanglaíodh orm seinnt do Mhurchadh, ámh, agus ná maslaigh mé dá bhrí sin.'

'Cá bhfuil Feargal féin ?' arsa an t-óglach.

'Is é a chorp é siúd atá ag taitneamh leat anall,' arsa an ceann.

'Ceist agam ort,' arsa an t-óglach, 'cé bhéarfaidh mé liom? Is tusa is fearr liom.'

'Is mise a bhéarfaidh tú leat,' arsa an ceann, 'ar acht amháin, go nglacann Críost mac Dé mé. Má thugann tú leat mé, ámh, tabhair ar ais chun mo cholann arís mé.'

'Bhéarfar ar ais gan amhras thú,' arsa an t-óglach.

Thug an t-óglach an ceann leis ar ais go dtí an teach agus fuair sé na Laighnigh roimhe ag ól ann.

'Ar thug tú leat an ní d'iarr mé ort ó pháirc an áir?' arsa Murchadh.

'Thug go deimhin,' arsa an t-óglach, 'ceann Dhonn Bó.'

'Cuir ar an chuaille úd thall é,' arsa Murchadh.

D'aithin an slua go léir an ceann agus ar siadsan uile:

'Is mairg duit, a Dhonn Bó, bheith sa riocht a bhfuil tú! Ba tusa an ceoltóir ab áille agus ab fhearr dá raibh in Éirinn!'

'Anois,' arsa an t-óglach a thug leis an ceann ó pháirc an áir, 'déan ceol dúinn, a Dhonn Bó, ar son Mhic Dé. Déan ceol do na Laighnigh anocht faoi mar rinne tú dod thiarna ó chianaibh.'

D'iompaigh Donn Bó ansin a aghaidh le balla an tí ó scalladh an tsolais agus thóg a ghuth os ard go mba bhinne é ná ceol ar bith ar chlár talún agus bhí an slua uile ag caoi agus ag déanamh bróin le truamhéil agus le brónaí an cheoil a chan sé.

Nuair bhí an slua cortha de bheith ag caoi ag éisteacht leis an cheol, thug an t-óglach céanna an ceann leis go dtáinig sé go dtí

218

an corp.

'Anois,' arsa an ceann leis an óglach, 'cuir mo cheann lem chorp.'

Chóirigh an t-óglach an ceann leis an cholainn agus lean an ceann den cholainn láithreach. Is chun briathar Cholm Cille a chomhlíonadh a tharla sin, mar is é Colm Cille a bhí ina shlánaíocht ann go bhfillfeadh Donn Bó ar ais ó thuaidh chun a mháthar le go n-inseodh sé scéala an chatha agus oidheadh Fheargail do chách.

Is i nganfhios do Chathal mac Finghuine a tugadh an cath seo ag Almhain le Laighnigh agus ba olc le Cathal an cath dá thabhairt ina éagmais féin. Chuala na Laighnigh go raibh olc ag Cathal dóibh agus rinne siad comhairle ceann Fheargail a bhreith chuige mar chomhartha buaidhe. Tugadh an ceann siar go Cathal.

Agus is ansin adúirt Rumann, file Fheargail :

Maraíodh Feargal, fear caoin cneámhar,
gríobh laochta gaisce—
do ghabh aon-ghol amhail toirneach
ó Inse Mod go Manainn.

Bhí Cathal i nGleann Domhain na Rí ag Sliabh gCrot agus an slua a tháinig leis an cheann do thriail Cathal iad a mharú mar ba olc leis marú Fheargail trí shárú na síochána.

Do folcadh ceann Fheargail ansin, cíoradh an ghruaig air agus fíodh é le Cathal agus cuireadh bréid sróill ina thimpeall. Ansin tugadh seacht ndaimh agus seacht moilt agus seacht muca agus iad uile bruite gur leagadh os comhair cheann Fheargail iad. Tháinig luisne ansin i gceannacha an chinn i láthair mhuintir na Mumhan agus d'ardaigh sé a shúile chun Dé do ghabháil bhuíochais san onóir mhór sin a tugadh dó. Roinneadh ansin an bia sin le Cathal ar bhochta na gceall ab fhoigse dhóibh, Áth Chros Molaga agus Tulach Mín Molaga.

Agus chuaigh Cathal agus uaisle na Mumhan in éineacht leis chun ceann Fheargail a adhnacal agus thug sé féin ar ais d'Uí Néill é. Thug sé ansin ceannas Uí Néill do Fhlaitheartach mac Aodha agus d'fhág mar sin iad agus tháinig ar ais i gceann sé seachtaine go Gleann Domhain na Rí.

Is ina dhiaidh sin d'éirigh cogadh mór i Laighnibh in aghaidh Chathal Mac Finghuine agus do thionóil Cathal fir Mhumhan chuige agus chuaigh in aghaidh Faoláin, rí Laighean, agus na Laighnigh uile in éineacht leis agus tugadh ansin cath Éile idir Fhaolán agus Chathal agus do thit Faolchar, rí Osraí, ann agus briseadh an cath ar na Laighnigh.

Iomscaradh Chathail agus Laighean go nuige sin.

Micheál Mac Liammóir

a dhearaigh agus a mhaisigh an leabhar seo